Abtretung künftiger Ansprüche.

Ein Beitrag zum Problem der Verfügung über künftige Rechte

von

Dr. jur. Georg Süß

München und Berlin
J. Schweitzer Verlag (Arthur Sellier)
1910.

Abtretung künftiger Ansprüche.

Ein Beitrag zum Problem der Verfügung über künftige Rechte

von

Dr. jur. Georg Süß

München und Berlin
J. Schweitzer Verlag (Arthur Sellier)
1910.

Inhaltsverzeichnis.

Literaturangaben.

Abrahamsohn, Ist die Abtretung zukünftiger Forderungen nach dem BGB. möglich? in DJZ. 8 S. 343.

Achilles-Greiff, BGB. mit Anmerkungen, 6. Aufl. 1909.

Bendix, Bürg. Recht, 2. Aufl. 1904.

Brinz, Pandekten, 3. Aufl. 1884.

Brückmann, Grundbegriffe des Genossenschaftsrechts im ArchBürgR. 28 S. 223 f.

Cosack, Lehrbuch des Bürg. Rechts I., 5. Aufl. 1909.

Crome, System des deutschen Bürg. Rechtes II., 1902.

Danz, Rechtsprechung nach der Volksanschauung und nach dem Gesetz in IheringsJ. 54 S. 76.

Dernburg, Pandekten, 6. Aufl. 1900—1901.

Dernburg, Das Bürg. Recht, 3. Aufl. 1905—1906.

Eccius, Zur Frage der Abtretung künftiger Forderungen in DJZ. 9 S. 53 f.

Eccius, Wesen der Verfügung des Bürg. Gesetzbuches bei Gruchot 48 S. 465 f.

Eccius, Abtretung künftiger Forderungen bei Gruchot 53 S. 1 f.

Eckstein, Die Übertragbarkeit der Forderungen nach deutschem Reichsrecht, Erlanger Diss. 1898.

Enneccerus, Lehrbuch des Bürg. Rechts I., 3. Aufl. 1908.

Fischer, Sind zukünftige Forderungen abtretbar? in BayZfR. 1 S. 152, 153.

Fischer-Henle, BGB. Handausgabe, 8. Aufl. 1909.

Gaupp-Stein, Kommentar zur ZPO., 8./9. Aufl. 1908.

Grünebaum, Zur Frage betreffend Verfügungen über künftige Forderungen in DJZ. 10 S. 801 f.

Grünebaum, Verfügung über künftige Forderungen im Recht 13 S. 660 f.

Heilfron, Lehrbuch des Bürg. Rechts II., 3. Aufl. 1905.

Hellmann, Konkursrecht, 1907.

Hellwig, Anspruch und Klagerecht, 1900.

Hellwig, Lehrbuch des Zivilprozeßrechts I., 1903.

Hellwig, Verträge auf Leistung an Dritte, 1899.

Heuer, Ist die Abtretung zukünftiger Forderungen nach dem BGB. möglich? in DJZ. 8 S. 28 f.

Hölder, Besprechung von Ohmeyers Verfügung über künftige Rechte in DJZ. 14 S. 553.

Ihering, Passive Wirkungen der Rechte in IheringsJ. 10 S. 387 f.

Kohler, Prozeß als Rechtsverhältnis, 1888.

Kohler, Lehrbuch des Bürg. Rechts I. und II., 1., 1906.

Kohler, Vertrag und Übergabe in 12 Studien zum Bürg. Recht im ArchBürgR. 18 S. 1 f.

Krainz-Pfaff-Ehrenzweig, System des österreichischen allgemeinen Privatrechts, 3. Aufl. 1899—1900.
Kuhlenbeck, Das Bürg. Gesetzbuch, 2. Aufl. 1903.
Langheineken, Anspruch und Einrede, 1903.
Lippmann, Noch einmal die Möglichkeit der Abtretung zukünftiger Forderungen nach jetzigem Recht in DJZ. 8 S. 471 f.
Lippmann, Die Gründe für die Annahme einer Unübertragbarkeit zukünftiger Forderungen in DJZ. 9 S. 255 f.
Lützeler, Abtretung der Geschäftsanteile einer Gesellschaft m. b. H. in Zeitschr. des deutschen Notarvereins 1902 S. 536 f.
Maenner, Sachenrecht, 2. Aufl. 1906.
Marcus, Pfändbarkeit zukünftiger Forderungen in DJZ. 9 S. 400 f.
Matthiaß, Lehrbuch des Bürg. Rechts I., 3./4. Aufl. 1900.
Mittelstein, Miete, 2. Aufl. 1909.
Mühlenbruch, Lehre von der Zession der Forderungsrechte, 3. Aufl. 1836.
Neumann, Jahrbuch des deutschen Rechtes, 1904—1909.
Neumann, Handausgabe des BGB., 5. Aufl. 1909.
Oertmann, Kommentar zum BGB., 2. Aufl. I. 1908, II. 1906 (3. Aufl. im Erscheinen).[1])
Oertmann, Das Recht des BGB. Allg. Teil 2 Teile, 1909, Schuldrecht 2 Teile, 1906.
v. Ohmeyer, Verfügung über künftige Rechte, Wien 1909.
Petersen, Kommentar zur ZPO., 5. Aufl. v. Remeli und Anger, 1906.
Planck, Kommentar zum BGB., 3. Aufl. 1904—1907.
Regelsberger, Studien im bayrischen Hypothekenrecht, 1872.
Regelsberger, Das bayrische Hypothekenrecht (in v. Meiboms deutsches Hypothekenrecht III.), 1874.
Rehbein, Das BGB. mit Erläuterungen II., 1904.
Scherer, Recht der Schuldverhältnisse, 1899.
Schmaltz, Verfügungen über das Recht aus einem Lebensversicherungsvertrage zu Kreditzwecken in MecklenbZ. 22 S. 244 f.
Schlesinger, Über die Unzulässigkeit der Beschlagnahme des noch nicht verdienten Lohnes, 1869.
Schmid, Grundlehren der Zession nach römischem Rechte, 2 Bände, 1866.
Schollmeyer, Recht der Schuldverhältnisse, Kommentar, 1900.
Seuffert, Kommentar zur ZPO., 10. Aufl. 1908.
Stammler, Das Recht der Schuldverhältnisse in seinen allgemeinen Lehren, 1897.
Staub, Kommentar zum Gesetz betr. die G. m. b. H., 3. Aufl. von Hachenburg, 1909.
Staudinger, Kommentar zum BGB., 3./4. Aufl. 1908.
Straus, Ist die Abtretung zukünftiger Forderungen nach dem BGB. möglich? in DJZ. 8 S. 342.
v. Tuhr, Verfügung über künftige Forderungen in DJZ. 9 S. 426 f.
v. Tuhr, Abtretung künftiger Forderungen im Bankarchiv 7 S. 277 f.
Unger, System des österreichischen allgemeinen Privatrechts, 1864—1868.
Warneyer, BGB. erläutert durch die Rechtsprechung, 2. Aufl. 1908.

[1]) Durch die Liebenswürdigkeit des Herrn Professors Dr. Oertmann, meines verehrten Lehrers, war es mir möglich zu den wichtigsten Punkten bereits die 3. Auflage zu benützen. Zitate ohne weitere Bezeichnung beziehen sich auf die 2. Auflage.

Windscheid, Lehrbuch des Pandektenrechtes, 9. Aufl. von **Kipp**, 3 Bände, 1906.

Wolff, Welche Rechtswirkungen hat die Zession eines suspensiv bedingten Vermächtnisses? Bonner Diss. 1887.

Weitere Literaturangaben zu speziellen Fragen finden sich in den Anmerkungen.

Übersicht der wichtigsten Entscheidungen.

RG. vom 29. September 1903, abgedruckt in RGE. 55 S. 334, SeuffArch. 59 Nr. 178, DJZ. 8 S. 573, JW. 1903 S. 124, NeumannsJ. 2 S. 251.

RG. vom 26. April 1904, abgedruckt in RGE. 58 S. 72, DJZ. 9 S. 745.

RG. vom 1. Oktober 1907, abgedruckt in RGE. 67 S. 166, SeuffArch. 64 Nr. 25, SeuffBl. 73 S. 621, Gruchot 52 S. 959, DJZ. 13 S. 77, JW. 1907 S. 707, Bankarchiv 7 S. 76 f., Recht 11 S. 1316, NeumannsJ. 6 S. 165.

RG. in Strafsachen vom 20. September 1907, abgedruckt in BayZfR. 4 S. 20, Bankarchiv 7 S. 121, NeumannsJ. 7 S. 177.

OLG. Hamburg vom 1. November 1901, abgedruckt in OLGRspr. 4 S. 213, HansGZ. 1902 S. 27, NeumannsJ. 1 S. 298.

OLG. Dresden vom 28. April 1902, abgedruckt Sächs. Annalen 24 S. 114.

OLG. Braunschweig vom 18. September 1903, abgedruckt in SeuffArch. 59 Nr. 179, DJZ. 10 S. 1016, NeumannsJ. 3 S. 190.

Kammergericht vom 16. Januar 1905, abgedruckt in DJZ. 10 S. 460.

OLG. Hamburg vom 18. März 1905, abgedruckt in OLGRspr. 11 S. 307, NeumannsJ. 4 S. 142, HansGZ. 26 S. 168.

OLG. Hamburg vom 4. April 1905, abgedruckt in OLGRspr. 11 S. 358, NeumannsJ. 4 S. 142.

OLG. Jena vom 29. Oktober 1906, abgedruckt in DJZ. 12 S. 76, ThürBl. 54 S. 170, Recht 11 S. 56, NeumannsJ. 6 S. 165.

OLG. Dresden vom 28. November 1906, abgedruckt im SächsArchfRPfl. 2 S. 109 f., Recht 11 S. 507, NeumannsJ. 6 S. 165.

OLG. Hamburg vom 6. Oktober 1908, abgedruckt im Recht 13 Nr. 25.

OLG. München vom 6. Februar 1909, Ber.-Reg. Nr. II L. 584/08, abgedruckt in BayZfR. 5 S. 173, SeuffBl. 74 S. 615.

Einleitung.

Wie für alle Probleme, die die Theorie des künftigen Rechtes der Wissenschaft stellt, erst in den letzten Jahren ein regeres Interesse erwacht ist, so ist auch die Frage nach der Abtretung künftiger Ansprüche erst in der jüngsten Zeit Gegenstand eines lebhafteren Streites geworden. Nur selten wurde diese Frage von den älteren Schriftstellern erörtert; die meisten Kommentare und Lehrbücher des BGB. erwähnen sie in ihren früheren Auflagen überhaupt nicht oder erledigen sie mit einer kurzen Bemerkung ohne weitere Begründung, obgleich sich eine Entscheidung ohne ein Eingehen auf tiefere Probleme der Rechtswissenschaft gar nicht geben läßt. Zu dieser gleichgültigen Stellung der Literatur hat allerdings die früher herrschende Meinung viel beigetragen, die die Gegenüberstellung des „präsenten" und „künftigen" Rechtes als doktrinär bezeichnete und dem Begriff eines künftigen Rechtes jede Bedeutung für die Praxis absprach.[1])

Den äußeren Anlaß zu einer eingehenderen Beschäftigung mit der Frage gab eine Entscheidung des Reichsgerichts vom 29. September 1903. Insbesondere entspann sich im Anschluß an diese ein lebhafter Meinungsaustausch in der „Deutschen Juristen-Zeitung". Von den Schriftstellern, die hier für und wider das Wort ergriffen haben, sind es vor allem Eccius und v. Tuhr, die die Frage von allgemeineren Gesichtspunkten aus beleuchtet haben. Die ausführlichste Betrachtung wurde dem Problem erst in der neuesten Zeit zuteil durch v. Ohmeyer in seinem Buche „Verfügung über künftige Rechte", das sich zwar auf das positive österreichische Recht beschränkt, aber trotzdem manches auch für unser Recht Verwertbare bietet.

Gerade in unserem Zeitalter der Kreditwirtschaft, das bei den verschiedenartigen Erscheinungsformen des Kredits und der Spekulation auch künftigen Gütern schon jetzt wirtschaftlichen Wert beilegt, dürfte eine eingehendere Untersuchung der noch immer strittigen Frage nach der Abtretung künftiger Ansprüche, die namentlich zu Deckungszwecken häufig vorgenommen wird, nicht ohne Interesse sein.

Der Kern der Streitfrage ist der, ob es möglich ist über ein noch nicht existierendes Recht schon gegenwärtig unmittelbar zu ver-

---

1) Unger, System II § 72 S. 8. — Übrigens bezweifelt die Möglichkeit einer Theorie des künftigen Rechtes überhaupt Hölder in DJZ. 14 S. 553. A. A. v. Ohmeyer S. III.

fügen,[2]) so daß die antizipative Verfügung das Recht bei seiner Entstehung sofort wirksam ergreift, oder ob darüber bloß ein Verpflichtungsgeschäft, ein pactum de cedendo zulässig[3]) ist. Insofern bildet das vorliegende Thema nur einen speziellen Fall des umfassenderen Problems der Verfügung über künftige Rechte, dessen allgemeine Fragen aus dieser Sonderuntersuchung ihre Beantwortung finden werden.

---

[2]) Für die Abtretbarkeit künftiger Ansprüche haben sich ausgesprochen: Staudinger § 398 Nr. 1 a α, Planck § 398 Nr. 4 e, Fischer-Henle § 398 Nr. 1, Achilles-Greiff § 398 Nr. 1, Dernburg II, 1 § 136 II, Enneccerus I S. 767, Matthiaß I § 100 S. 402, Gaupp-Stein, ZPO. § 829 Nr. I 1 a, Hellwig, Verträge auf Leistung an Dritte S. 433, Kohler, Prozeß als Rechtsverhältnis S. 85 und Bürgerl. Recht I S. 562 Anm. 3, II, 1 § 58 S. 157 f., Heuer in DJZ. 8 S. 28 f., Abrahamsohn in DJZ. 8 S. 343, Lippmann in DJZ. 8 S. 471 f. und 9 S. 255 f., v. Tuhr in DJZ. 9 S. 426 f. und im Bankarchiv 7 S. 277 f., Grünebaum in DJZ. 10 S. 801 f. und im Recht 13 S. 660 f., Hölder in DJZ. 14 S. 553, Gareis in DJZ. 9 S. 577, Staub-Hachenburg, Ges. betr. die G. m. b. H. § 15 Nr. 41, Warneyer § 398 Nr. 17 und 18, Eckstein, Übertragbarkeit der Forderungen S. 57, Bendix I § 39 Anm. 1 S. 378, Kuhlenbeck § 399 Nr. 1 S. 331, Neumann, Handausg. Vorbem. zu § 398 Nr. I 6, Danz in JheringsJ. 54 S. 76, Mittelstein, Miete S. 246 f., Maenner, Sachenrecht S. 29 Anm. 26, Schmaltz in MecklenbZ. 22 S. 358 f., v. Ohmeyer, Verfügung über künftige Rechte, ferner eine Anzahl oberstrichterlicher Entscheidungen, vgl. besonders RG. vom 29. September 1903, RG. vom 26. April 1904, RG. vom 1. Oktober 1907, RGSt. vom 20. September 1907, OLG. Hamburg vom 1. November 1901, OLG. Naumburg vom 4. Februar 1902 im Recht 6 S. 234, OLG. Dresden vom 28. April 1902, OLG. Braunschweig vom 18. September 1903, Kammergericht vom 16. Januar 1905, OLG. Hamburg vom 18. März 1905, OLG. Hamburg vom 4. April 1905, OLG. Jena vom 29. Oktober 1906, OLG. Dresden vom 28. November 1906, OLG. Hamburg vom 6. Oktober 1908, OLG. München vom 6. Februar 1909. — Dafür wohl auch Crome II § 198, 1 Anm. 4, Cosack I § 114 S. 455.

[3]) Gegen die Abtretbarkeit künftiger Ansprüche haben sich erklärt: Oertmann, 2. Aufl., § 399 Nr. 1 g γ (a. A. 3. Aufl.), Kipp zu Windscheid II S. 392, Seuffert, ZPO. § 829 Nr. 1, Hellmann, Konkursrecht S. 138, Langheineken, Anspruch und Einrede S. 55, Rehbein II § 398 Nr. 7 S. 382, Scherer § 399 Nr. 1, Eccius in DJZ. 9 S. 53 f. und bei Gruchot 48 S. 465 f. und 53 S. 1 f., Brückmann im ArchBürgR. 28 S. 259 f., Lützeler in Zeitschr. des deutschen Notarvereins 1902 S. 536 f., Straus in DJZ. 8 S. 342. — Dagegen wohl auch Schollmeyer § 398 Nr. 2 und Fischer in BayZfR. 1 S. 152 f.

Kapitel I.

Der Begriff der Abtretung und des künftigen Anspruchs.

§ 1.

Der Begriff der Abtretung.

Die scharfen Logiker des römischen Rechtes, welche das Schuldverhältnis als ein „juris vinculum" zwischen zwei individuell bestimmten Personen auffaßten, waren davon ausgegangen, daß eine Sondernachfolge in eine Forderung, sei es durch Forderungsübertragung auf der Gläubigerseite oder durch Schuldübernahme auf der Schuldnerseite, unzulässig sei.[1]) Von dem Mittel der Novation[2]) abgesehen, bei dem aber das alte Schuldverhältnis vollständig unterging und daher eine über den gewollten Erfolg weit hinausgehende Rechtswirkung erzielt wurde, bestand nur die Möglichkeit einen anderen zu bevollmächtigen in seinem, des Gläubigers Namen Klage anzustellen und das Eingeforderte für sich zu behalten.[3]) Dies geschah durch das mandatum ad agendum in rem suam. Seiner Rechtsnatur nach war diese römisch-rechtliche Zession jedenfalls keine Verfügung.

Nach der Rezeption begann ein Kampf der römischen mit der deutschen Auffassung. Das deutsche Recht war nicht von einer begrifflichen Unmöglichkeit einer Fortsetzung des Schuldverhältnisses zwischen anderen Personen als den Begründern ausgegangen, es kannte dem Begriffe nach eine Sondernachfolge in eine Forderung, nur erklärte es im Interesse des Schuldners eine Übertragung durch einseitigen Willensakt des Gläubigers ohne Zustimmung des Schuldners für unzulässig.[4]) Dieser Kampf wurde erst gegen Ende des neunzehnten Jahrhunderts endgültig zugunsten der deutschen Auffassung entschieden. Noch Mühlenbruch, Puchta und Vangerow[5]) hielten an der Mandatstheorie fest und sahen in der Zession nicht eine Abtretung des Forderungsrechtes selbst an einen Rechtsnachfolger, sondern nur eine Abtretung seiner Ausübung durch eine actio, während das jus, die obligatio dem bisherigen Gläubiger blieb. Dagegen vertraten vor allem Windscheid[6]) in seiner Schrift „Die actio des römischen Zivilrechts vom Standpunkt des

---

1) Vgl. statt anderer Windscheid-Kipp II § 329.

2) Gajus II, 38.

3) z. B. l. 2 § 5 D. 10, 2, Ulpianus: „. . . ut alter alteri mandet actiones procuratoremque eum in suam rem faciat." — Vgl. Windscheid-Kipp II § 329 Anm. 6.

4) Vgl. Stobbe, Deutsches Privatrecht III § 177.

5) Mühlenbruch S. 20, Puchta, Institutionen III § 267, Vangerow, Pandekten III § 514 Anm. 1.

6) Vgl. über diese Entwicklung Windscheid-Kipp II § 329 Anm. 9 und 10.

heutigen Rechts" und Bähr[7]) die Sukzessionstheorie. Nach ihr ist das Forderungsrecht ein selbständiger Vermögensgegenstand, über den durch die Zession ähnlich verfügt wird wie über eine Sache, auch wenn es nicht in einem Papiere verkörpert ist. Diese Lehre war in Theorie und Praxis (z. B. RGE. 4 S. 111) fast allgemein anerkannt. Auch die neueren Gesetzbücher, mit Ausnahme des sächsischen BGB., behandeln die Zession als eine Verfügung über das Forderungsrecht (z. B. ALR. I, 11, 393: „... Das Eigentum der Rechte selbst geht auf den neuen Inhaber über"). Auf diesem Standpunkt steht auch das BGB.,[8]) wie in § 398 ausdrücklich betont wird.

Das BGB. versteht unter Abtretung die Übertragung einer Forderung oder eines anderen Rechtes durch Vertrag zwischen dem bisherigen Inhaber und demjenigen, auf welchen das Recht übertragen werden soll. Sie ist also eine der drei Arten[9]) einer Sondernachfolge in eine Forderung oder in ein anderes Recht, welche das BGB. kennt, nämlich außer der Abtretung noch die Überweisung an Zahlungs Statt und die Übertragung kraft Gesetzes, die es mit dem Ausdruck „Übertragung"[10]) zusammenfaßt. Der Begriff der Abtretung ist also enger als der der Zession, der sich mit dem der Übertragung deckt.[11])

In der Ausgestaltung, die der Abtretung in unserem Rechte gegeben worden ist, sind für die vorliegende Frage zwei Punkte von Bedeutung.

Nach BGB. ist die Abtretung ein abstraktes Rechtsgeschäft. Es gehört zu ihr daher nur die Erklärung des Gläubigers, daß er sein Recht auf einen anderen übertrage, und die Annahme dieser Erklärung von seiten des anderen.[12]) Dagegen ist der Zessionsgrund,[13]) d. h. das

---

[7]) IheringsJ. 1 S. 351 f. „Zur Zessionslehre".

[8]) A. A. Affolter, Über Zession von Forderungen im ArchBürgR. 13 S. 296 f.; dagegen ausführlich Prahst, Das Wesen der Forderungsabtretung. Rostocker Diss. 1901.

[9]) E. I § 294 Abs. 1 (später als überflüssig und lehrbuchmäßig gestrichen) zählte sie folgendermaßen auf: „Die Übertragung kann auf einem Vertrag zwischen dem bisherigen und dem neuen Gläubiger (Abtretung) oder auf gerichtlicher Anordnung oder unmittelbar auf Gesetz beruhen."

[10]) Der Ausdruck ist nicht sehr glücklich gewählt. Einmal wird er nicht bloß auf Forderungen und andere Rechte angewendet, sondern auch auf Sachen; dann bezeichnet er dem Sprachgebrauch nach eine Tätigkeit und paßt daher schlecht auf den Forderungsübergang kraft Gesetzes. In E. I wurde der Begriff durch § 293, der später aus dem nämlichen Grunde wie § 294 gestrichen wurde, definiert: „Die Forderung aus einem Schuldverhältnis kann auf einen neuen Gläubiger übertragen werden, ohne daß es der Einwilligung des Schuldners bedarf (Übertragung). Mit der Übertragung hört der bisherige Gläubiger auf, Gläubiger zu sein, und tritt der neue Gläubiger an dessen Stelle."

[11]) Vgl. aber Windscheid-Kipp II § 329 Anm. 11.

[12]) E. I § 294 Abs. 2: „Die Abtretung erfolgt mit Schließung des Vertrages, welcher die Willenserklärung der Vertragschließenden enthält, daß durch den Vertrag die Forderung auf den neuen Gläubiger übergehen soll. Auf den Vertrag finden die Vorschriften des § 290 Abs. 2 entsprechende Anwendung." (§ 290 Abs. 2: „Zur Wirksamkeit des Vertrages ist die Angabe des Rechtsgrundes nicht erforderlich. Die Wirksamkeit des Vertrages wird dadurch nicht ausgeschlossen, daß die Vertragschließenden verschiedene Rechtsgründe vorausgesetzt haben oder daß der von ihnen vorausgesetzte Rechtsgrund nicht vor-

Rechtsverhältnis, das den bisherigen Gläubiger zur Abgabe der Abtretungserklärung, den neuen Gläubiger zu deren Annahme bestimmt, für den Zessionsakt gleichgültig. Der Forderungsübergang vollzieht sich, gleichviel welcher Rechtsgrund vorliegt, gleichviel ob er benannt ist und ob überhaupt einer vorhanden ist.[14]) Der Zessionsgrund kann übrigens sehr mannigfaltig sein, z. B. Kauf, Schenkung, Hingabe an Zahlungs Statt; auch Auftrag, Dienstvertrag, Mitgiftbestellung kann in Betracht kommen. Eine Folge der abstrakten Natur der Abtretung ist, daß eine etwaige Gegenleistung, ein Äquivalent des neuen Gläubigers für die Abtretung keine Bedeutung hat; sie ist ein einseitiger Vertrag. Das Kausalgeschäft und die Abtretung können zusammenfallen, sie sind aber begrifflich wohl zu unterscheiden.[15]) Wenn daher obligatorische Rechtsgeschäfte über künftige Forderungen wirksam sind — und deren Zulässigkeit wird wohl allgemein zugegeben[16]) —, so bildet ein solcher Vertrag nur den Rechtsgrund für die Abtretung; ob aber diese schon jetzt oder erst nach der Entstehung der Forderung vorgenommen werden kann, darüber ist durch die Bejahung der obigen Frage noch gar nichts entschieden.

Wie bereits erwähnt, ist die Abtretung nach dem BGB. eine Verfügung über das Forderungsrecht. Unter Verfügung[17]) versteht

---

handen oder ungültig war. Die Vorschriften über Rückforderung einer Leistung wegen ungerechtfertigter Bereicherung bleiben unberührt.") Die zweite Kommission hat diese Bestimmungen, obwohl der Sache nach einverstanden, als entbehrlich gestrichen, dafür aber die Trennung des kausalen Geschäftes von der Abtretung viel konsequenter durchgeführt als im ersten Entwurf, namentlich durch Streichung der §§ 298, 299, 300.

[13]) Vgl. die Gegenüberstellung in § 15 des Gesetzes betr. die G. m. b. H. Abs. 3 „Abtretung von Geschäftsanteilen" und Abs. 4 „Verpflichtung zur Abtretung eines Geschäftsanteils". Ebenso österreichisches Gesetz über die G. m. b. H. vom 6. März 1906 § 76 Abs. 2.

[14]) Deshalb kann der Schuldner einer abgetretenen Forderung den Mangel eines Abtretungsgrundes nicht rügen. OLG. Bamberg vom 24. März 1905 in BayZfR. 1 S. 453.

[15]) Vgl. dagegen Code civil, der den „Übertrag der Forderungen und anderer unkörperlichen Rechte" im 8. Kapitel des VI. Titels des III. Buches, also beim „Verkaufe" behandelt (§ 1689 f.). Im Sinne des ALR. ist die Abtretung ein Modus des Rechtsüberganges und hätte deshalb in I, 10 behandelt werden müssen; sie ist jedoch fälschlich bei den „Titeln zur Erwerbung des Eigentums, welche sich in Verträgen unter Lebenden gründen" (I. 11, 3) eingereiht worden. Ähnlich das bayrische Landrecht, das die Zession in dem Kapitel „über die Art und Weise das Eigentum zu erlangen" (Th. II cap. 3 § 8) behandelte. An die richtige Stelle, nämlich zu den allgemeinen Bestimmungen des Schuldrechts, stellen die Zession das österreichische ABGB. („von der Umänderung der Rechte und Verbindlichkeiten" 3. Teil 2. Hauptstück §§ 1392—1399) und das sächsische BGB. (3. Teil 1. Abteilung 4. Abschnitt §§ 953—975).

[16]) So Straus in DJZ. 8 S. 342, Eccius in DJZ. 9 S. 53, v. Tuhr in DJZ. 9 S. 426, Langheineken S. 55, Scherer § 399 Nr. 1. — Vgl. die Bestimmung im Statut der Gesellschaft für elektrische Hoch- und Untergrundbahnen in Berlin, wonach die Firma Siemens & Halske, falls sie in Berlin innerhalb eines bestimmten Zeitraumes Genehmigungen für gewisse elektrische Hoch- und Tunnelbahnen erwerben sollte, verpflichtet ist diese Genehmigungen und Verträge an die vorgenannte Gesellschaft gegen näher bezeichnete Gegenleistungen abzutreten (Salings Börsenjahrbuch Leipzig 1900 S. 1319).

[17]) Das BGB. gebraucht diesen Ausdruck in drei Bedeutungen: außer der hier gemeinten im Sinne einer Anordnung des Gerichts oder der Staatsgewalt

das BGB. ein Rechtsgeschäft, durch das unmittelbar eine Änderung eines Rechtes herbeigeführt wird,[18]) im strengen Gegensatz zur Verpflichtung, die nur mittelbar, erst infolge eines auf den Schuldner ausgeübten Rechtszwanges zu einer Handlung, die Änderung eines Vermögensrechtes bewirkt. Die Änderung eines Rechtes kann in der Übertragung, Belastung, Veränderung seines Inhalts oder seines Ranges oder in der Aufhebung bestehen. Die Abtretung begründet also nicht einen Anspruch auf Übertragung des Rechtes, sondern das Recht geht unmittelbar ipso jure mit dem Abschluß des Vertrages über; die Abtretung ist eben die Übertragung des Rechtes. „Die Abtretung läuft als Übertragung von Rechten parallel der Übereignung durch Übergabe körperlicher Sachen“ [19]). Die Verpflichtung zur Abtretung ist dagegen noch keine Abtretung.

Aus der Definition der Verfügung ergibt sich, daß zu den Verfügungen auch Rechtsänderungen an Rechten nicht dinglicher Natur gehören. Darauf beruht der Unterschied zu dem Begriff des dinglichen Vertrags, der es nur mit dinglichen Rechten zu tun hat und deshalb der engere Begriff ist. Daher können Verträge, die ein Forderungsrecht veräußern oder durch Erlaß tilgen, zu den Verfügungen gezählt werden, nicht aber zu den dinglichen Verträgen; man müßte denn den Begriff des dinglichen Vertrages in einem weiteren Sinne auffassen, wodurch er sich aber mit dem der Verfügung decken würde. Dies ist aber nicht empfehlenswert; denn die Sätze über die dinglichen Verträge lassen sich nicht ohne weiteres auf solche Verfügungen anwenden, durch die ein Forderungsrecht unmittelbar verändert wird. Das BGB. hat im scharfen Gegensatz zum römischen Recht den Begriff der Sache auf die körperlichen Gegenstände beschränkt (§ 90). Daraus folgt aber, daß was für die Übertragung von Rechten an körperlichen Gegenständen gilt, nicht ohne nähere Untersuchung auch für die res incorporales des

---

und im Erbrecht im Sinne einer Willenserklärung des Erblassers. — Aus der Literatur s. Binder, Der Gegenstand in ZHR. 59 S. 1f., Dernburg I § 112, Eccius bei Gruchot 48 S 465f., Oertmann, Vorbem. zu § 104 Nr. 7 und Allg. Teil II S. 14, Planck I S. 185, Sohm, Der Gegenstand S. 7f. und Vermögensrecht, Gegenstand, Verfügung im ArchBürgR. 28 S. 173f., 191f., Wilutzki, Die Verfügungen des BGB. im ArchBürgR. 28 S. 53 f., Windscheid-Kipp I S. 318, Maenner S. 28. (Für röm. Recht s. Mitteis, Röm. Privatrecht I S. 145 Anm. 27.)

[18]) Einschränkend Sohm, Der Gegenstand S. 7 Anm. 1.

[19]) Dernburg II, 1 S. 302. — Vgl. Bartolus ad. c. 1 de obl. et act. 4, 10: „quod operatur traditio in rebus corporalibus, illud operatur cessio in istis rebus incorporalibus“. Ähnlich Donellus, Commentarii juris civilis XV. cap. 44 §§ 8—17, Endemann I S. 864: „Der Abtretungsvertrag begründet keineswegs bloß einen Anspruch auf Übertragung, in ihm wird vielmehr bereits die Veräußerung vollzogen, der Übergang des Rechtes unmittelbar bewirkt. Insofern steht er nach Inhalt und Wirkung der sachenrechtlichen Einigung gleich; Abtretung ist die dinglich wirkende Verfügung über das Forderungsrecht als Vermögensgegenstand.“ Prahst a. a. O. S. 19 spricht von einem „obligatorischen Vertrag mit dinglicher Wirkung“; vgl. hiezu Kohler, Vertrag und Übergabe im ArchBürgR. 18 S. 96, „eine Idee, die wie hölzernes Eisen klingt“ und die von ihm dort mitgeteilte Bemerkung Windscheids: „obligatorischer Vertrag mit dinglicher Wirkung d. h. was ich bekommen soll, habe ich bereits“.

gemeinen Rechtes, für die Forderungsrechte gilt. Diese Verschiedenheit hat das BGB. nicht ohne wohlberechtigten Grund eingeführt. Die Sache ist etwas Reales; sie kann für das Rechtsleben nur existieren oder nicht existieren; eine dritte Daseinsmöglichkeit ist nicht denkbar. Die Herrschaft über eine Sache kann äußerlich sichtbar gemacht werden und daher auch der Übergang der Herrschaft. Das Forderungsrecht ist etwas Abstraktes; es existiert nur in der Vorstellung. Das gegenwärtige und das zukünftige Forderungsrecht ist immer nur etwas Gedachtes. Daneben ist aber auch ein bedingtes und ein befristetes Forderungsrecht denkbar. Die Herrschaft über ein Forderungsrecht läßt sich nicht sichtbar machen[20]) (abgesehen von den in Wertpapieren verkörperten) und deshalb ist auch die Übertragung eines Forderungsrechtes durch einen auch für Dritte äußerlich sichtbaren Akt unmöglich, sie kann immer nur in der Vorstellung erfolgen, durch bloßen Vertrag. Wegen dieser inneren Verschiedenheit der Objekte empfiehlt es sich nicht auch die Verfügungen über Forderungsrechte als dingliche Verträge zu bezeichnen, und es ist ungenau, wenn man die Analogie der Abtretung mit der Eigentumsübertragung dadurch auszudrücken sucht, daß man sie einen dinglichen Vertrag nennt.[21]) Wenn sie auch in ihren Wirkungen denen eines dinglichen Vertrags ähnelt, weil sie eben eine Verfügung ist wie jener, so ist sie doch selbst kein dinglicher Vertrag, keine „Einigung", weil sie kein dingliches Recht, kein Recht an einer Sache im Sinne des Gesetzes betrifft.

§ 2.

Der Begriff des künftigen Anspruchs.

Künftige Ansprüche, auch unter der Bezeichnung künftige Rechte, Forderungen, Verbindlichkeiten, werden in Reichsgesetzen an verschiedenen Stellen erwähnt. Ein Vertrag über die Übertragung des künftigen Vermögens ist zwar nach § 310 aus sozialpolitischen Erwägungen nichtig, aber nach § 312 Abs. 2 begründet ein Vertrag über die Abtretung des künftigen Erbteils unter künftigen gesetzlichen Erben eine gültige Verpflichtung. Künftige Entschädigungsforderungen des Vermieters werden in § 559 Satz 2 erwähnt. Nach § 765 Abs. 2 kann eine Bürgschaft auch für eine künftige Verbindlichkeit übernommen werden. Nach § 1113 kann eine Hypothek auch für eine künftige Forderung bestellt werden, ebenso auch ein Pfandrecht an einer beweglichen Sache nach § 1204 Abs. 2, dessen Rang sich nach § 1209 nach der Zeit der Bestellung richtet. Zur Sicherung eines künftigen Anspruches ist die Eintragung einer Vormerkung zulässig (§ 883 Abs. 1

---

[20]) „Über Rechte läßt sich keine reale Macht üben." Motive III S. 2.

[21]) So Motive II S. 120, Staudinger § 398 Nr. 1a, Englmann, Bürg. Recht S. 229, Straus in DJZ. 8 S. 342, Eccius in DJZ. 9 S. 54, Schöninger, Forderungsabtretung zum Zweck des Einzugs im ArchZivPrax. 46 S. 164. — Dagegen Lippmann in DJZ. 9 S. 256, v. Tuhr in DJZ. 9 S. 426 und Rezension des Staudingerschen Kommentars in DJZ. 11 S. 96.

Satz 2). Eine Bestimmung über ein Grundstückspfandrecht, das zur Sicherung künftiger Ansprüche auf Zinsen, Kosten und andere Nebenleistungen bestellt ist, enthält das besonders für Bayern wichtige Reichsgesetz vom 17. März 1906 betr. die Überleitung von Hypotheken des früheren Rechtes. Im Familienrecht erwähnt § 1912 die künftigen Rechte[1]) einer Leibesfrucht, zu deren Wahrung ein Pfleger zu bestellen ist.[2])[3])

Eine gesetzliche Definition des künftigen Anspruchs findet sich nirgends. Das Wort „künftig" hat aber jedenfalls immer die Bedeutung von „noch nicht bestehend".[4])

Künftige Ansprüche sind solche Ansprüche, deren Entstehungstatbestand überhaupt noch nicht oder noch nicht vollständig vorliegt.

Künftige Ansprüche können sich also entweder aus bereits bestehenden Rechtsverhältnissen entwickeln, wenn zur Entstehung des Anspruchs aus dem bereits vollständig vorliegenden Rechtsverhältnis noch ein Tatbestandselement hinzukommen muß, oder aus Rechtsverhältnissen, für die schon ein Teil des Tatbestands vorhanden ist, zu deren vollständiger Begründung aber noch weitere Tatbestandselemente nötig sind, oder endlich aus Rechtsverhältnissen, zu welchen „noch nicht einmal der Grund gelegt ist".[5]) Manche Schriftsteller bezeichnen ausschließlich die Ansprüche der letzten Art als künftige. Sie bilden allerdings weitaus die wichtigste Gruppe und für sie gilt wegen des vollständigen Mangels einer Verbindung mit einem bestehenden Rechtsverhältnis manches Besondere; trotzdem empfiehlt es sich nicht nur bei ihnen das Vorliegen eines künftigen Anspruchs anzunehmen, sondern sie im Zusammenhang mit den übrigen Gruppen, die gewissermaßen einen sich allmählich steigernden Übergang zu ihnen bilden, zu betrachten. (Näheres über die Einteilung der künftigen Ansprüche s. in Kapitel III.)

Hier ist zunächst auf die früher viel bestrittene Frage einzugehen, ob auch die bedingten und befristeten Ansprüche zu den künftigen Ansprüchen zu rechnen sind.

---

[1]) Es ist hier streitig, ob es sich um künftige Rechte oder um bestehende, aber vorläufig subjektlose Rechte handelt; nach der letzteren Ansicht bestünde die Möglichkeit einer hereditas jacens noch im Reichsrecht.

[2]) Ein künftiges Erbrecht wird erwähnt in den §§ 511, 1477 Abs. 2, 1521, 1551 Abs. 1, 1556, ein künftiges gesetzliches Erbteil und ein künftiges Pflichtteil in § 1822 Nr. 1. — Zu beachten ist auch die Gegenüberstellung in § 310 (künftiges Vermögen) und § 311 (gegenwärtiges Vermögen). — S. auch § 218 Abs. 2 (künftig fällig werdende Leistungen), §§ 1880 Abs. 1 Satz 1 und 1913 Satz 2 (künftiges Ereignis), ZPO. §§ 257—259 (Klage auf künftige Zahlung, bzw. Entrichtung, Leistung), § 1026 (Schiedsvertrag über künftige Rechtsstreitigkeiten).

[3]) Im österreichischen ABGB. spricht § 939 vom Verzicht auf ein „gehofftes" Recht, § 944 von der Schenkung eines künftigen Vermögens, § 1177 von einem Gesellschaftsvertrag über das künftige Vermögen, § 1275 von dem Kauf eines künftigen Erträgnisses, § 1276 von dem Kauf der künftigen Nutzungen einer Sache oder „der Hoffnung derselben". S. ferner österreichisches Urheberrechtsgesetz § 16 Abs. 2 und 3 (Urheberrecht an künftigen erst zu schaffenden Werken) und österreichisches Unfallversicherungsgesetz § 47 (künftige Schadensersatzansprüche).

[4]) Windscheid-Kipp I § 96a S. 506, Langheineken S. 52, Rehbein I S. 242.

[5]) Windscheid-Kipp I § 225 Anm. 6.

Im gemeinen Rechte hatte diese Kontroverse wegen der Frage nach dem Range der Pfandrechte Bedeutung. Das Pfandrecht für eine bedingte oder befristete Forderung existiert bereits, ist aber gleichfalls bedingt oder befristet.[6]) Dagegen entsteht das Pfandrecht für eine zukünftige Forderung erst mit Entstehung der Forderung, wenn auch die vorher erfolgte Verpfändung gültig ist. So wenigstens die herrschende Meinung im gemeinen Rechte.[7])

Für die Beantwortung der Streitfrage geben die Quellen keine zuverlässige Auskunft. In l. 5 pr. D. 20, 1 [8]) wird zwischen der futura obligatio und der obligatio in diem und sub condicione ausdrücklich unterschieden. Dagegen ist in l. 89 D. 45, 1 unter futura obligatio eine befristete Forderung gemeint und ebenso gut könnte darunter auch eine bedingte Forderung verstanden werden. Von den Pandektisten wurde daher der Ausdruck futura obligatio in ganz verschiedener Bedeutung angewendet. Dernburg [9]) gebrauchte ihn im weitesten Sinne, Sintenis [10]) nur für die befristeten Forderungen, Brinz [11]) nur für eine bestimmte Klasse künftiger Ansprüche, für die „künftigen Ansprüche aus bestehendem Grundverhältnis" (s. unten §§ 7, 8), Regelsberger [12]) für die künftigen Ansprüche überhaupt, letztere beiden mit Ausschluß der bedingten und befristeten Ansprüche. Nach Windscheid [13]) hat der Begriff eines künftigen Rechtes nur da rechtliche Bedeutung, wo ein Schwebezustand besteht, so daß eine juristische Tatsache noch nicht die ihr an und für sich zukommende Wirkung äußert, aber doch nicht aller sofortigen Wirkung bar ist; wenn eine solche „Vorwirkung" [14]) nicht vorliege, sei das künftige Recht einfach ein Nichtrecht. Als Beispiel für ein solches bereits vorwirkendes künftiges Recht führt Windscheid das unter einer Bedingung übertragene an, da es erst mit der Erfüllung der Bedingung erworben werde, der Übertragende aber sofort gebunden sei. Für das Pfandrecht schränkt er aber aus dem Grunde, daß, wenigstens nach seiner Ansicht, hierfür etwas Besonderes gilt, den Begriff des künftigen Anspruchs ein und scheidet die bedingten und befristeten Ansprüche aus.

---

[6]) L. 5 pr. D. 20, 1; l. 13 § 5 eod.; l. 14 eod.; l. 5 § 1 D. 20, 6; Huschke, ZivRProz. 20 S. 146f., Windscheid-Kipp I § 225 S. 1130.

[7]) Windscheid-Kipp I § 225 S. 1130f. Anm. 6a und 7. A. A. Dernburg, Pand. I, 2 § 274 Anm. 8 (s. die älteren Auflagen) und Pfandrecht I § 69: das Pfandrecht für künftige Forderungen datiert gleichfalls vom Augenblick der Pfandkonvention an.

[8]) „Res hypothecae dari posse sciendum est pro quacumque obligatione... sive pura est obligatio, vel in diem, vel sub condicione, et sive in praesenti contractu, sive etiam praecedat, sed et futurae obligationis nomine dari possunt."

[9]) S. oben Anm. 7. Ebenso Arndts, Pand. I § 66 Anm. 2 und § 73 Anm. 6.

[10]) Pfandrecht § 11.

[11]) Pand. § 78 S. 294f.

[12]) Altersvorzug der Pfandrechte § 11, Studien S. 3f. und Bayr. Hyp.-Recht S. 187f.

[13]) I § 67 Anm. 2.

[14]) Der Ausdruck stammt von Fitting, Über den Begriff der Rückziehung.

Für das jetzige Recht hat der Streit wenigstens für das materielle Recht seine Bedeutung verloren; denn das BGB. setzt in den einschlägigen Paragraphen ausdrücklich die bedingte Forderung der künftigen gleich. Dagegen hat die Frage noch ihre Bedeutung für das Prozeßrecht behalten, für die Frage nämlich, wann bei einem aufschiebend bedingten Anspruche die Rechtsnachfolge eintritt. Nach der einen Ansicht [15]) ist der bedingte Anspruch noch ein zukünftiger und die Rechtsnachfolge tritt daher erst mit Erfüllung der Bedingung ein. Dagegen berufen sich die Gegner [16]) auf den Wortlaut des § 158, nach dem nur die Wirksamkeit, nicht die Existenz der Verfügung, deren ganzer Tatbestand bereits fertig vorliege, hinausgeschoben werde. Der bedingte Anspruch sei also ein bereits existenter (wenn auch noch nicht als Vollrecht) und der bedingt Berechtigte werde schon Rechtsnachfolger im Augenblick der Verfügung.

Mit größerem Recht wie für das gemeine Recht wird man jetzt die bedingten Ansprüche — wenigstens der Regel nach — zu den künftigen rechnen dürfen; [17]) denn während im gemeinen Rechte ein lebhafter Streit [18]) herrschte, ob die erfüllte Bedingung rückwirkende Kraft habe und was man darunter zu verstehen habe, geht das BGB. jedenfalls von dem Gedanken der Nichtrückwirkung aus [19]) und läßt nur eine „Gebundenheit" des bedingt Verfügenden eintreten. (Über die Unterscheidung Köppens zwischen bedingten Rechtsgeschäften und bedingten Rechtsverhältnissen und die damit verwandte Unterscheidung Langheinekens zwischen „bloß bedingten" und „bedingt wirksamen" Ansprüchen s. unten § 10).

Was die befristeten Ansprüche angeht, so wurden sie im gemeinen Rechte und werden auch in unserem Rechte fast allgemein zu den künftigen gezählt. Eine genauere Untersuchung wird aber später dazu führen, daß man bei ihnen schärfer unterscheiden muß zwischen befristeten Ansprüchen im engeren Sinne, für deren Wirkung ein Termin bestimmt ist (§ 163), und „betagten" Ansprüchen; erstere sind künftige, letztere gegenwärtige Ansprüche auf künftige Leistung. [20]) [21])

---

[15]) So Planck § 161 Nr. 2, Hellwig, Rechtskraft S. 109.

[16]) So zuerst Strohal, Grenzen der Urteilsrechtskraft in der Leipziger Festgabe für Degenkolb 1905. Ebenso Oertmann § 158 Nr. 2cα.

[17]) Ebenso v. Tuhr in der DJZ. 9 S. 428, Langheineken S. 52 (für die „bloß bedingten" Ansprüche).

[18]) Vergl. über diese Streitfrage Dernburg, Pand. I § 111 Anm. 5 S. 257 f., Windscheid-Kipp I § 91 Anm. 1, Mitteis, Röm. Privatrecht I S. 172 f. (Ersterer ist Anhänger, letztere Gegner der Rückwirkung und auf der Ansicht Windscheids über das gemeine Recht beruht die „Gebundenheit" des BGB.)

[19]) So die weitaus herrschende Meinung, s. Oertmann § 159 Nr. 2a und § 161 Nr. 1c, Endemann § 77 Anm. 19, Kipp zu Windscheid I § 91 S. 477, Dernburg § 150 I. — A. A. Hellwig, Grenzen der Rückwirkung S. 10 f., Kuhlenbeck § 161 Nr. 2, Matthias S. 260.

[20]) Vergl. Arndts, Pand. I § 73 Anm. 6, Oertmann § 163 Nr. 2d, v. Tuhr in DJZ. 9 S. 428, Rehbein I S. 242. — A. A. Brinz, Pand. I § 78, II § 341, IV § 551 und Dernburg, Pand. I § 114 S. 264 (das befristete Recht bilde ein rechtlich gesichertes Gut, das dem Vermögen bereits zugehöre; nur sei dessen Geltendmachung vertagt) und Bürg. Recht I § 157 S. 463. — Für

Wenn man somit nach BGB. auch die bedingten und befristeten Ansprüche zu den künftigen rechnen kann, da auch bei ihnen noch ein Element des Entstehungstatbestandes fehlt, so unterscheiden sie sich doch in einem wichtigen Punkte von den anderen künftigen Ansprüchen.[22]) Bei ihnen beruht der künftige Charakter des Anspruches auf einer willkürlichen Verabredung der Parteien, während in den anderen Fällen ein Element fehlt, welches das Gesetz als Erfordernis für die Entstehung des Anspruchs verlangt. Allein dieser Umstand ist nicht derartig, daß sich daraus ein scharfer Gegensatz zwischen den bedingten und befristeten Ansprüchen einerseits und den übrigen künftigen Ansprüchen andererseits ergäbe, da es für die theoretische Behandlung des künftigen Anspruches gleichgültig ist, aus welchem Grunde der Anspruch gegenwärtig noch nicht besteht.

Schließlich noch eine Abgrenzung. Man könnte zu den künftigen Ansprüchen auch diejenigen zählen, die zwar gegenwärtig schon bestehen, aber dem Verfügenden nicht zustehen.[23]) Für ihn ist allerdings auch ein solcher Anspruch ein künftiger. Allein da dieser Fall durch § 185 Abs. 2 BGB. geregelt ist, erscheint es mir zweckdienlicher die „fremden" Ansprüche aus der Gruppe der künftigen auszuscheiden.

Kapitel II.

Die Abtretbarkeit künftiger Ansprüche.

§ 3.

Die Streitfrage im römischen und gemeinen Recht.

Die Frage nach der Abtretbarkeit künftiger Ansprüche[1]) konnte im ältesten römischen Rechte nicht auftauchen, da es ja die Übertragung einer Forderung für unmöglich hielt. Sie konnte erst erhoben werden,

die obige Unterscheidung s. Windscheid I § 96 Anm. 5 (Zusatz von Kipp § 96 a S. 506), Langheineken S. 5 f., Oertmann § 163 Nr. 4 c.

[21]) Für das österreichische Recht vgl. betreff der bedingten Ansprüche Unger, System II § 82 Anm. 30 und Krainz-Pfaff-Ehrenzweig, System § 110 Anm. 6 und 11 (beide gegen die Annahme künftiger Rechte), betreff der befristeten Ansprüche Unger, System II § 72 Anm. 18, § 83 Anm. 6 und 7 (Unger hat als erster unter den Pandektisten die Ansicht vertreten, daß das befristete Recht ein künftiges sei); ebenso Krainz-Pfaff-Ehrenzweig, System I § 112 Anm. 3.

[22]) Regelsberger, Studien § 2 und Bayr. Hyp.-Recht S. 187, v. Tuhr in DJZ. 9 S. 428, v. Ohmeyer S. 17.

[23]) So v. Ohmeyer S. 23, 183 f. Er unterscheidet hier zwei Fälle: eine Verfügung über fremde Sachen als eigene, welche zunächst unwirksam sei und durch Konvaleszenz nachträglich wirksam werde, und die Antizipativverfügung im Bewußtsein, daß die Sache noch außerhalb der Machtsphäre des Verfügenden steht; sie hat in letzterem Falle nicht die fremde Sache als solche, sondern lediglich die Aussicht auf ihren zukünftigen Eintritt in das Vermögen des Verfügenden zum Gegenstand. — Vgl. Oertmann, 3. Aufl. § 399 Nr. 1 g γ und unten S. 15.

[1]) Von der Abtretung bedingter, befristeter und künftiger Ansprüche ist zu unterscheiden eine bedingte, befristete oder künftige Abtretung und eine Ab-

als das Verkehrsbedürfnis etwa vom Ausgang der punischen Kriege an[2]) wenigstens eine Abtretung der Ausübung des Forderungsrechtes allmählich durchgesetzt hatte. Allein da die Zession im römischen und noch lange im gemeinen Recht eine ganz andere rechtliche Natur hatte, keine Verfügung über das Forderungsrecht war, so hat in diesem Zeitraum die Frage, ob eine Abtretung künftiger Ansprüche zulässig sei, für unser Recht keine Bedeutung; sie sei hier nur in Rücksicht auf die geschichtliche Entwickelung kurz erwähnt.

Das ältere römische Recht befolgte den Grundsatz der Simultanität des Abschlusses und der Wirkungen des Rechtsgeschäftes.[3]) Darnach konnte ein Rechtsgeschäft nur im Augenblicke seines Abschlusses wirken; in diesem Moment mußten alle Voraussetzungen seiner Wirkung bereits vorliegen. So lange dieses Prinzip das Rechtsleben beherrschte, konnte selbst von einem nur obligatorischen Mandatsvertrag über die Geltendmachung künftiger Ansprüche keine Rede sein. Allein bereits im klassischen Rechte ist jenes Prinzip mehrfach durchbrochen worden, so ließ man eine Verpfändung zukünftiger oder erst zu erwerbender Sachen zu,[4]) und für das gemeine Recht läßt sich jener Grundsatz überhaupt nicht mehr aufstellen. Mit der Aufgabe jenes Prinzips bestand für die Übertragung künftiger Ansprüche kein Hindernis mehr und man ließ daher im späteren römischen und im gemeinen Rechte Verträge über die Übertragung künftiger Ansprüche allgemein zu.

Als man im gemeinen Recht allmählich die Lehre vertrat, daß die Zession eine Sondernachfolge in eine Forderung bedeute, brachte diese Auffassung trotz ihrer prinzipiellen Verschiedenheit von jener älteren auffallender Weise keine Veränderung der Ansichten in der vorliegenden Frage mit sich; auch in dieser Periode des gemeinen Rechtes bestand über die Zulässigkeit der Zession bedingter, befristeter und künftiger Ansprüche überhaupt kein Streit.

Die Abtretbarkeit bedingter und befristeter Ansprüche[5]) ergibt sich aus l. 3 C. 8, 53 (54)[6]) und l. 43 D. 17, 1.[7]) Dagegen können die andern Stellen, welche gewöhnlich hier angeführt werden (l. 17,

---

tretung mit bedingter oder befristeter causa, z. B. eine emptio spei kann eine unbedingte Abtretung einer bedingten Forderung (neben der unbedingten causa) enthalten; die Verabredung, daß bei einem Hauskauf mit Übergabe des Anwesens eine Forderung an Zahlungs Statt auf den Verkäufer übergehe, ist eine bedingte Abtretung bei unbedingter causa. Eine unbedingte Abtretung bei bedingter causa begründet bei Ausfall der Bedingung eine Kondiktion nach § 812 Abs. 1 Satz 2.

[2]) Dernburg II, 1 § 133 S. 341, Stammler S. 182.

[3]) Jhering, Geist des römischen Rechtes III, 1 S. 132 f., 171, Enneccerus, Rechtsgeschäft S. 219, 240 und Bürg. Recht I S. 767 Anm. 11; vgl. aber auch Mitteis, Röm. Privatrecht I S. 170 Anm. 13 S. 290.

[4]) Dernburg, Pfandrecht I S. 244 f., Enneccerus I S. 767 Anm. 11.

[5]) Für ihre Abtretbarkeit: Mühlenbruch S. 262, Schmid II S. 282 f., Schlesinger, Über die Unzulässigeit der Beschlagnahme des noch nicht verdienten Lohnes § 7, Windscheid=Kipp II § 335 Anm. 11, Dernburg, Pand. II § 50 S. 140, Wolff, Welche Rechtswirkungen hat die Zession eines suspensiv bedingten Vermächtnisses? Bonner Diss. 1887 S. 41 f.

[6]) „Spem futurae actionis plena intercedente donatoris voluntate posse transferri non immerito placuit.“ (Imp. Decius 251).

[7]) Vgl. auch l. 19 § 3 und 4 D. 36, 2; l. 9 C. 8, 17.

19 D. 18, 4; l 45 § 1, l. 73 § 1 D. 35, 2), nicht als Beweise für die Abtretbarkeit bedingter Ansprüche verwendet werden; sie beziehen sich nur auf die Gültigkeit des über eine bedingte Forderung abgeschlossenen Kaufgeschäftes.

Streitig war, ob auch der Anspruch aus einem suspensiv bedingten Vermächtnisse ebenso abtretbar sei wie ein sonstiger bedingter Anspruch. Es ist unzweifelhaft, daß das römische Recht und zwar nicht bloß das frühere, sondern auch das justinianische in mancher Hinsicht einen Unterschied macht zwischen einer gewöhnlichen bedingten Forderung und einer bedingten Vermächtnisforderung.[8]) Nach der einen Ansicht konnte ein Anspruch aus einem bedingten Vermächtnis überhaupt nicht Gegenstand von Rechtsgeschäften sein.[9]) Besonders berief man sich für die Unzulässigkeit der Zession einer bedingten Vermächtnisforderung auf l. 41 D. 35, 1, deren Lesart allerdings nicht zweifelsfrei feststeht:[10]) „legata sub condicione relicta non statim, sed cum condicio exstiterit, deberi incipiunt, ideoque interim delegari non potuerunt". Dieser Satz ist aber für eine Delegation durch Novation nicht richtig (l. 8 § 1 D. 46, 2). Andererseits müßte man die Stelle als sehr ungenau bezeichnen, wenn hier mit delegare eine Zession gemeint sei. Nach l. 8 § 1 D. 46, 2 ist die Delegation eines Anspruches aus einem bedingten Vermächtnis wirksam, aber der Empfänger erhält dadurch nicht einen sofort vollziehbaren Anspruch, und man wird annehmen dürfen, daß auch die obige Stelle nichts anderes ausdrücken will. Sie steht also der Zession eines Anspruches aus einem bedingten Vermächtnis nicht im Wege, dieser kann wie jeder sonstige bedingte Anspruch abgetreten werden.[11]) [12])

Auch die Abtretbarkeit rein künftiger Ansprüche, selbst solcher, für die noch nicht einmal der Grund gelegt ist, war im gemeinen Recht allgemein anerkannt.[13]) Früher, noch unter der Herrschaft der Mandatstheorie, waren als Gründe gegen deren Abtretbarkeit besonders zwei

---

[8]) Vgl. l. 5 pr., l. 13, l. 14 § 3 D. 36, 2; l. 18 D. 50, 17; l. 42 D. 44, 7.

[9]) So Windscheid I § 89 Anm. 8 in 1.—5. Aufl.; dagegen von 6. Aufl. ab: „Dieser Satz ist doch in seiner Allgemeinheit recht bedenklich." (Jetzt § 89 Anm. 10.)

[10]) Eine andere Lesart setzt statt „delegari" das Wort „legari"; in diesem Falle würde die Stelle nichts anderes bedeuten wie die in Anm. 8 zitierten; das Gleiche ergibt sich, wenn man delegari auffaßt als gleichbedeutend mit transferre, transmittere scil. ad heredes (so Salkowski, Novation S. 412 f., Scheurl, Nebenbestimmungen bei Rechtsgeschäften S. 154). Salpius, Novation S. 38, legt der Stelle nur für das frühere Recht einen Sinn bei und führt aus, daß durch Einführung der actiones utiles für den Zessionar die in der Stelle gezogene Konsequenz ihre Bedeutung verloren habe, daß sie also nur infolge einer Unaufmerksamkeit der Kompilatoren in die Pandekten aufgenommen worden sei.

[11]) Bemerkenswert ist, daß nach l. 13 § 8 D. 46, 4 und l. 9 eod. hinsichtlich der acceptilatio der Anspruch aus einem bedingten Vermächtnis mit einem künftigen Anspruch, für den noch nicht der Grund gelegt ist, ausdrücklich gleich behandelt wird. — Vgl. Windscheid-Kipp I § 89 Anm. 10.

[12]) Windscheid-Kipp I § 89 Anm. 10 (anders die 1.—5. Aufl.), Dernburg, Pand. II S. 140 Anm. 2, Wolff a. a. O. S. 44 f., Enneccerus, Rechtsgeschäft S. 248, RGE. 8 S. 189 f. (auch abgedruckt in SeuffA. 38 Nr. 325 und JW. 1891 S. 137).

[13]) Die Gründe für und gegen die Zulässigkeit solcher Zessionen sind bereits aufgezählt bei Andr. Tiraquellus (gest. 1558), De legibus connubialibus et jure

angeführt worden. Zunächst hatte man darauf hingewiesen, daß eine bloße spes actionis nicht auf die Erben transmittiert werden könne und deshalb sei sie nach dem Satze: Quae non sunt transmissibilia ad heredem, per cessionem non transeunt[14]) auch nicht abtretbar. Allein dieser Satz enthält eine unerlaubte Verallgemeinerung, wie besonders von Cocceji als einem der ersten erkannt worden ist[15]), und gerade im vorliegenden Falle zeigt sich seine Unrichtigkeit. Daß eine spes actionis nicht auf den Erben transmittiert werden konnte, hat seinen Grund darin, daß der Erbe als Universalsukzessor alle seine Rechte unmittelbar von dem Erblasser herleitet. Da aber mit dessen Tode jede Möglichkeit für ihn wegfällt neue Rechte zu erwerben, so folgt daraus, daß er kein Recht auf den Erben übertragen kann, auf das er nicht wenigstens schon eine Anwartschaft hatte. Dieser Grund, der die Transmission einer spes actionis hinderte, fällt aber bei der Übertragung unter Lebenden weg.

Als zweiter Gegengrund wurde folgendes angeführt. Der Gegenstand der Abtretung müsse ein Vermögensrecht sein, eine bloße Hoffnung gehöre aber noch nicht zu dem Vermögen eines Menschen, weshalb man auch nach l. 26 D. 39, 2 keinen Verlust erleide, daß man eine Hoffnung einbüße. Diese Begründung ist entschieden verfehlt. Allerdings gehört das künftige Recht jetzt noch nicht zum Vermögen des Verfügenden, aber die bloße Aussicht auf dessen künftigen Erwerb hat jetzt schon Vermögenswert und kann daher als Objekt einer Verfügung in Betracht kommen.[16])

Es muß allerdings zugegeben werden, daß sich die Übertragbarkeit künftiger Ansprüche nicht zwingend beweisen läßt, da es an einer ausdrücklichen Gesetzesvorschrift darüber fehlt. Die gewöhnlich hier angeführte Stelle l. 3 C. 8, 53 (54)[17]) schließt deshalb nicht jeden Zweifel aus, weil sie sich nicht unbedingt auf einen künftigen Anspruch

---

maritali und bei Alphonsus de Olea, De cessione juris (1651) tit. III qu. 10. — Für die Abtretbarkeit Mühlenbruch S. 259 f., Schmid II S. 284, Schlesinger S. 20 f., Windscheid-Kipp II § 335 Anm. 12, Dernburg, Pand. I § 50 S. 140, Heuer in DJZ. 8 S. 28, RG. vom 20. März 1883 in RGE. 8 S. 193, OLG. Braunschweig vom 18. September 1903, OLG. Jena vom 29. Oktober 1906, RG. vom 20. Januar 1891: die Zulässigkeit der Zessionen von künftigen Forderungen, zu denen noch nicht einmal der Grund vorhanden, deren Entstehung vielmehr nur als möglich vorausgesetzt werde, sei jetzt unbestritten, ebenso der mit der Entstehung der Forderung sich unmittelbar vollziehende Übergang derselben auf den Zessionar (zitiert nach dem Urteil vom 29. September 1903).

[14]) Bartolus ad. l. 42 D. de administr. tut. 26, 7; vgl. schon Glossa ad l. 24 pr. D. de minorib. 4, 4.

[15]) de cessione eorum, quae ad heredes non transeunt, et contra (in Disp. II, 65). Ebenso Thibaut, Pand. Recht § 77, Glück, Pand. Komm. XVI, § 1017 S. 394, Mühlenbruch S. 255 f. — Vgl. übrigens für das BGB. §§ 514 Satz 1, 847 Abs. 1 Satz 2, 1300 Abs. 2, aber auch § 664 Abs. 2 mit § 672 Satz 1.

[16]) Die von Mühlenbruch S. 261 angezogene Stelle l. 34 § 1 D. 18, 1 kann nicht zur Stütze dieser Widerlegung verwendet werden, da sie sich nur auf die möglichen Gegenstände eines Kaufvertrages, nicht der abstrakten Abtretung bezieht.

[17]) S. S. 10 Anm. 6.

beziehen muß; es kann darunter auch ein bedingter Anspruch gemeint sein, welcher § 4 I. 3, 15[18]) so genannt wird. Allein es liegt kein Grund vor, warum der allgemeine Ausdruck gerade hier in eingeschränktem Sinne gebraucht sein soll, oder daß man gar behaupten könnte, diese engere Bedeutung sei seine regelmäßige.[19]) Bei der sonst angeführten Stelle l. 11 D. 18, 4 ist es gleichfalls zweifelhaft, ob sie von einer künftigen Erbschaft handelt.[20]) Die Übertragbarkeit künftiger Ansprüche ergab sich besonders aus der Zulässigkeit der Verpfändung des gesamten gegenwärtigen und künftigen Vermögens (l. 9 C. 8, 16 [17]),[21]) also auch der erst künftig zu erwerbenden Ansprüche, und aus allgemeinen Gründen. So besonders aus der Möglichkeit, daß eine Zession unter jeder beliebigen Bedingung vorgenommen werden konnte, also auch unter der, daß der abgetretene Anspruch zur Entstehung gelange.

§ 4.

Einwände gegen die Abtretbarkeit.

I.

Der schwerwiegendste Einwand, der gegen die Abtretbarkeit künftiger Ansprüche erhoben wird, ist aus der Rechtsnatur der Abtretung als einer Verfügung hergenommen.[1]) Der künftige Anspruch ist im Augenblick der Verfügung noch nicht vorhanden, ist also ein Nichtrecht.[2]) Das Wesen der Verfügung fordere aber einen vorhandenen Gegenstand, den die Verfügung wirksam ergreifen könne. Besonders nachdrücklich hat Eccius in mehreren Aufsätzen auf diesen Einwand hingewiesen. Er hält eine Verfügung über eine Sache, die noch nicht existiert, für undenkbar, auch undenkbar als eine durch Existentwerden bedingte Verfügung; denn das Existentsein sei begriffliche Voraussetzung der Verfügung. Nicht anders wie bei der Verfügung über eine noch nicht existierende Sache könne es bei der Verfügung über eine noch nicht

---

[18]) „Ex conditionali stipulatione tantum spes est, debitum iri“; vgl. auch l., 73 § 1 D. 35, 2 „quanti ea spes obligationis venire possit“.

[19]) Für die uneingeschränkte Bedeutung Mühlenbruch S. 262 und Schmid II S. 284.

[20]) Dafür Mühlenbruch S. 260 Anm. 31 und Schmid II S. 284 Anm. 35. — Dagegen Windscheid-Kipp II § 335 Anm. 12.

[21]) „Super qua generali hypotheca illud quoque ad conservandam contrahentium voluntatem sancimus, ut si res suas supponere debitor dixerit, non adjecto, tam praesentes quam futuras, jus tamen generalis hypothecae etiam ad futuras res producatur.“

[1]) Dieses Argument wird angeführt von Eccius in DJZ. 9 S. 53 f. und bei Gruchot 48 S. 465 f. und 53 S. 1 f., Straus in DJZ. 8 S. 432, Seuffert, ZPO. § 829 Nr. 1, Lützeler a. a. O. S. 537; bekämpft von Planck § 398 Nr. 4 e, Enneccerus I S. 767, Lippmann in DJZ. 9 S. 255 f., v. Tuhr in DJZ. 9 S. 426 f., v. Ohmeyer S. 23 f., Maenner S. 29 Anm. 26, OLG. Braunschweig vom 18. September 1903, RG. vom 1. Oktober 1907; vgl. auch OLG. Jena vom 29. Oktober 1906.

[2]) Windscheid-Kipp I § 67 Anm. 2 (s. S. 7), Arndts, Pand. § 21 Anm. 3, „ein wirkliches Recht muß ein gegenwärtiges sein (jus praesens)“.

existierende Forderung sein. „Verfügung über ein Nonens erscheint mir als Nonsens." (Eccius bei Gruchot 48 S. 470.)

Ich kann diesem Gegengrund nicht die große Bedeutung zuerkennen, die ihm von den meisten beigelegt wird; ich halte vielmehr aus praktischen Erwägungen diesen ganzen auf einem Streit um Begriffe aufgebauten Einwand für verfehlt. Ich will aber zunächst Eccius auch im eigenen Lager bekämpfen und werde mich deshalb bemühen den Gedankengang mit logischen Gründen zu widerlegen.

1. Wenn nach Eccius die Verfügung begriffsnotwendig einen Gegenstand verlangt, den sie wirksam ergreifen kann, und daher eine Verfügung über einen nicht existierenden Gegenstand undenkbar ist, so weist v. Tuhr gegenüber dieser Behauptung auf die konvaleszierenden Verfügungen hin.[8]) Auch bei diesen kann die Verfügung im Augenblick, in dem sie abgegeben wird, den Gegenstand nicht wirksam ergreifen. Hier deshalb nicht, weil nicht dem Erklärenden die Verfügungsmacht über das Objekt zusteht, sondern einem anderen; in unserem Falle deshalb nicht, weil das Objekt überhaupt noch nicht existiert. Zwischen diesen beiden Fällen liegt meines Erachtens keine solche prinzipielle Verschiedenheit, daß der eine denkbar ist, während der andere einen logischen Widerspruch mit dem Begriffe der Verfügung enthielte. In beiden Fällen ist die Verfügung zweifellos dem Gegenstand gegenüber zunächst wirkungslos; es ist nun de lege ferenda eine doppelte Behandlung möglich: entweder die Verfügung bleibt endgültig unwirksam, ist also nichtig und muß später wiederholt werden oder aber sie wird nachträglich, bei Erwerb oder Entstehen des Objektes, wirksam. Müßte die Verfügung ihrem Wesen nach unmittelbar wirken, so müßte sie in beiden Fällen nichtig sein. Das Gesetz hat nun die Behandlung der konvaleszierenden Verfügung in § 185 Abs. 2 geregelt: sie wird wirksam, wenn der Verfügende den Gegenstand erwirbt. Damit scheint mir die Behauptung von Eccius widerlegt; die Verfügung muß nicht begriffsnotwendig auf einen Gegenstand sofort unmittelbar einwirken.

Gegen diese Argumentation von Tuhrs wendet sich Eccius in seinem zweiten Aufsatze. Er verwirft zunächst die Begriffsbestimmung der Verfügung, welche v. Tuhr an die Spitze seiner Ausführungen stellt: „Für die Wirksamkeit einer Verfügung ist begriffliche Voraussetzung, daß das von der Verfügung betroffene Recht dem Verfügenden zusteht, während Gegenstand einer Verpflichtung sowohl eigene als fremde Rechte sein können." Eccius weist darauf hin, daß v. Tuhr von vornherein die Bestimmungen zugunsten des gutgläubigen Erwerbers ausnehmen muß und daß es nicht für eine brauchbare wissenschaftliche Begriffsbestimmung spricht, wenn man von ihr sofort wichtige Fälle ausnehmen muß. Ferner macht er auf andere Fälle von Verfügungen eines Nichtberechtigten aufmerksam, die auf Grund der Einwilligung des Berechtigten oder auf Grund einer kraft Gesetzes dem Verfügenden eingeräumten Macht wirksam sind. Dies alles ist richtig und wohl

[8]) Die beiden Fälle können parallel behandelt werden, auch wenn man die Verfügungen über fremde Rechte nicht zu denen über künftige Rechte zählt (s. S. 9).

auch die daraus gezogene Folgerung, daß es nicht zum Wesen der Verfügung gehört, daß der Verfügende auch die Verfügungsmacht über den Gegenstand hat.[4]) Allein damit wird noch lange nicht die von v. Tuhr gezogene Parallele hinfällig. Im Gegenteil: Eccius zeigt selbst, daß das Gesetz noch mehr Fälle kennt, in denen die Verfügung wegen Mangels der Verfügungsmacht den Gegenstand nicht wirksam ergreifen kann, daß aber trotzdem in diesen die Verfügung wirksam werden kann. Ebensowenig ist der Beweis e contrario zwingend, daß nur dann die Verfügung nachträglich wirksam werden kann, wenn die durch sie beabsichtigte Rechtsveränderung im Augenblicke der Verfügung möglich wäre, weil dies in den durch § 185 Abs. 2 geregelten Fällen bei Zustimmung des Berechtigten der Fall ist. Nach meiner Ansicht ist es Eccius nicht gelungen die Beweisführung v. Tuhrs zu widerlegen. In seinen weiteren Darlegungen gegen die Abtretbarkeit künftiger Ansprüche beachtet Eccius nicht die Verschiedenheit zwischen künftigen Sachen und künftigen Rechten und den sich daraus ergebenden Unterschied zwischen dinglichem Vertrag und Verfügung, worüber unten noch Näheres zu erörtern ist.

v. Ohmeyer, der gleichfalls Eccius zu widerlegen sucht, hält gleichwohl die Zusammenstellung der Verfügungen über künftige Rechte mit den konvaleszierenden für „durchaus falsch". Bei letzteren sei der Verfügungsakt zunächst mangelhaft begründet, aber dieser Mangel werde durch den späteren Rechtserwerb des Verfügenden geheilt, dagegen werde bei Verfügungen über künftige Rechte der Verfügungsakt „als in die Zukunft wirkend und darum von vornherein rechtswirksam gesetzt". Mir scheint ein solcher Gegensatz zwischen Konvaleszenz und nachträglicher Ergänzung des von vornherein auf die Zukunft gestellten Rechtsaktes nicht vorzuliegen.[5]) Auch bei der Verfügung über künftige Rechte übt der Verfügende eine Verfügungsmacht aus, die er im Augenblick der Verfügung nicht hat, und mit deren Erwerb die antizipative Verfügung erst wirksam wird.[6])

2. Ein weiterer Einwand, der gegen die Argumentation von Eccius zu erheben ist, wurde schon oben gestreift und muß nun hier näher untersucht werden. Eccius stellt die Verfügungen über künftige Rechte in jeder Beziehung denen über künftige Sachen gleich und folgert, daß, weil man über eine künftige Sache nicht verfügen kann, nach dem Begriff der Verfügung auch eine solche über ein künftiges Forderungsrecht unmöglich sei. Daß zwischen beiden Arten von Verfügungen eine

---

[4]) Ebenso Maenner S. 29 Anm. 26. In DJZ. 9 S. 54 behauptet dagegen Eccius noch: „Das BGB. kennt eine rechtswirksame Verfügung nur, wenn sie ausgeht von dem Verfügungsmächtigen." Ebenso bei Gruchot 53 S. 3. — Vgl. auch Bayer. OLG. vom 15. Februar 1902 im Recht 6 S. 150 Nr. 690.

[5]) S. auch Ihering, Passive Wirkungen der Rechte in IheringsJ. 10 S. 459 f.

[6]) Ebenso Hölder in DJZ. 14 S. 553. — Demelius, Pfandrecht an beweglichen Sachen (nach österreichischem Recht) S. 339, 366 f. macht ebenfalls den von v. Ohmeyer angegebenen Unterschied (s. S. 9 Anm. 23), spricht aber in beiden Fällen von Konvaleszenz.

im Wesen der Rechtsobjekte begründete Verschiedenheit besteht, darauf wurde bereits in § 1 hingewiesen.

An Verfügungen über eine noch nicht existierende Sache könnte man vielleicht in folgenden Fällen denken. A. verabredet mit B., er wolle eine bewegliche Sache anfertigen und diese solle dann dem B. zu Eigentum gehören. Dies ist keine Verfügung[7]) über den Eigentumsübergang. Es liegt nur eine Einigung[8]) vor; zu ihr muß aber noch die Übergabe der Sache hinzukommen. Dies kann aber erst geschehen, wenn die Sache angefertigt ist,[9]) erst dann kann das Eigentum übergehen, jetzt freilich an einer bestehenden Sache. Man könnte nun einwenden: die Übergabe der Sache lasse sich ja durch Constitutum possessorium (§ 930) ersetzen. A. einigt sich mit B. dahin, daß A. die Sache, die er anfertigen soll, nur in einem Rechtsverhältnis besitzen soll, daß er unmittelbarer Besitzer wird, während B. den mittelbaren Besitz erlangt. Auch hier liegt noch keine wirksame Verfügung vor, sondern erst dann ist dies der Fall, wenn A. tatsächlich unmittelbarer Besitzer der Sache wird, erst dann kann er rechtswirksam durch Constitutum possessorium den B. zum Eigentümer machen.[10]) Ein Konstitut in bezug auf künftige Sachen ist nach BGB. wohl nicht möglich.[11])

---

[7]) Die Einigung allein ist keine Verfügung über eine Sache. Vgl. über diese streitige Frage Eccius bei Gruchot 47 S. 51 und 48 S. 467.

[8]) So Eccius in DJZ. 9 S. 54; es erscheint mir nicht ganz zweifellos, ob man in diesem Vertrag schon eine Einigung, einen dinglichen Vertrag erblicken darf. Allerdings ist eine Einigung über zukünftige Sachen rechtlich nicht undenkbar (Staudinger § 956 Nr. II 6 a β; a. A. Hellmann im Recht 1901 S. 417 f.).

[9]) „Besitz zukünftigen Erwerbes kann man nicht übertragen; man kann sich nur obligatorisch zur Übertragung verpflichten; das Faktum des Besitzes läßt sich nicht meistern.“ Kohler, Vertrag und Übergabe im ArchBürgR. 18 S. 104.

[10]) Hierüber scheint Übereinstimmung zu herrschen; s. Planck § 398 Nr. 4 e, Enneccerus I S. 767, Eccius in DJZ. 9 S. 54, v. Tuhr in DJZ. 9 S. 427, Kohler a. a. O. S. 102 f.

[11]) Im gemeinen Recht ließ die herrschende Meinung das Konstitutum in die Zukunft zu und es wurde hier besonders zu Sicherungszwecken verwendet. Dazu war man gekommen, weil man die societas omnium bonorum als Ausläufer der allgemeinen Konstitutslehre auffaßte. Dieses Institut eigener Art ist aber aus familienrechtlichen Gemeinschaften erwachsen und kann nicht als Ausdruck allgemeiner Prinzipien gelten. Vgl. dagegen Zasius fr. 3 § 2 de adq. poss.: „Ego semper secutus sum istam opinionem expeditam, quod futura non possint possideri et constitutum in bonis praesentibus et futuris non valeat quoad futura.“ (Literatur s. bei Windscheid-Kipp I § 155 Anm. 8 S. 778). Eine Übertragung künftiger Sachen durch Konstitut lassen für das heutige Recht vielleicht Crome III S. 203 Anm. 15 und Biermann, traditio ficta S. 402 f. zu. Ob nach BGB. in einzelnen Fällen nicht doch ein Konstitut in die Zukunft möglich ist, erscheint mir nicht zweifelsfrei und einer eingehenderen Untersuchung noch bedürftig.

Der Gedanke der Zulässigkeit eines Konstitutums in die Zukunft taucht auch in verdeckter Weise auf. So in der Behauptung, daß der Einkaufskommissionär, obgleich er im eigenen Namen erwirbt, doch den Kommittenten zum Eigentümer mache, eine Frage, die übrigens schon die Juristen des Islams lebhaft beschäftigt hat (vgl. Kohler, Moderne Rechtsfragen bei islamitischen Juristen S. 18). Ferner in der bedenklichen Entscheidung des Reichsgerichts vom 17. Dezember 1892 (RGE. 30 S. 142), daß infolge eines Konstitutums der

Ließe man es zu, so wäre es möglich, sich die Erwerbstätigkeit eines anderen vollständig zu unterwerfen und zwar nicht bloß im Sinne einer Verpflichtung, sondern ohne künftiges Zutun des anderen von selbst kraft Rechtsatzes; er wäre, ähnlich wie bei der sog. notwendigen Stellvertretung des Sklaven im römischen Rechte, nur noch Erwerbsinstrument.

Ein Konstitutum in die Zukunft liegt wohl auch in den beiden folgenden Fällen nicht vor. A. fertigt die Sache im Einverständnis des B. an, um sie durch seine Tätigkeit kraft seiner Geschäftsführung zum Eigentum des B. zu machen oder A., der mit B. auf die Okkupation ausgeht, vereinbart mit diesem, daß alles, was er ergreifen wird, dem B. gehören soll. In beiden Fällen wird man annehmen müssen, daß das Konstitut erst dann wirksam wird und der Eigentumsübergang erst dann erfolgt, wenn die Sache angefertigt bezw. okkupiert ist, wenn es sich also nicht mehr um künftige Sachen handelt. Dann aber vollzieht sich der Eigentumsübergang sofort, ohne daß ein weiterer Rechtsakt notwendig wäre. Die Sache wird jedoch nicht bereits vor ihrer Existenz durch die Verfügung aus dem Eigentum des A. in das eines anderen übertragen.[12]) In Rücksicht auf die Freiheit der Erwerbstätigkeit sind aber solche Verträge nur gültig innerhalb der gleichen Grenzen, in denen es gestattet ist sich als Stellvertreter der Herrschaft eines anderen zu unterwerfen, also auf Widerruf oder in Verbindung mit einem Dienstverhältnis, Auftrag und in den Schranken dieses. Ebenso wie die beiden letzten Fälle wird auch die Zession der künftigen rei vindicatio zu behandeln sein, z. B. A. ist durch obligatorischen Vertrag dem B. gegenüber zur Anfertigung einer Sache verpflichtet und B. tritt einem Dritten den Anspruch auf Herausgabe der künftigen Sache ab. Schon aus der Fassung des § 931 geht hervor, daß die Vindikationszession voraussetzt, daß die Sache bereits in jemands Besitz sich befindet.[13])

Eine Verfügung über eine noch nicht existierende Sache scheint also unmöglich zu sein. Darin dürfte Eccius recht haben. Irrig ist aber die Behauptung — und damit verliert die Tatsache ihre Bedeutung für die Frage nach der Abtretbarkeit künftiger Ansprüche —, daß dies seinen Grund in dem Begriffe der Verfügung habe. Nicht dieser steht im Wege, sondern die Besonderheit unseres Sachenrechtes,[14]) das für

---

mit der Anschaffung von Sachen beauftragte Stellvertreter auch dann Eigentum für den Auftraggeber erwerbe, wenn er das Geschäft im eigenen Namen mit dem Dritten schließt, aber ohne daß dieser es weiß, Besitz und Eigentum an den ihm vom dem Dritten in Erfüllung dieses Geschäftes übergebenen Sachen für den Auftraggeber erwerben will.

[12]) Ebenso Eccius in DJZ. 9 S. 54, Kohler a. a. O. S. 102f.

[13]) Ebenso Kohler a. a. O. S. 88 und 106; er hält aber die Vindikationszession auch für möglich, wenn die Sache bereits einmal sich im Besitze jemands befunden hat, jetzt aber besitzlos geworden ist. Dies sei ein „latenter" Anspruch, kein künftiger. Das Willkürliche dieser Unterscheidung ergibt sich S. 108. — Vgl. auch unten S. 44.

[14]) Ebenso Planck § 398 Nr. 4 e, Enneccerus I S. 767, v. Tuhr in DJZ. 9 S. 427.

dingliche Rechtsänderungen regelmäßig nicht den dinglichen Vertrag allein für genügend erklärt, sondern ein zweites Tatbestandselement fordert, durch das die durch die Verfügung beabsichtigte Rechtsänderung auch äußerlich sichtbar werden soll, sei es durch Eintragung im Grundbuche, sei es durch Übergabe der Mobilie.[15]) Derartige in der äußeren Erscheinungswelt sich vollziehende Handlungen sind ihrer Natur nach nur an einer bereits existierenden Sache möglich. Enneccerus formuliert dies treffend folgendermaßen: „Die Erfordernisse des Geschäftsabschlusses (z. B. die Geschäftsfähigkeit der Geschäftspersonen) müssen schon beim Geschäftsabschlusse vorhanden sein. Die übrigen Erfordernisse seiner Wirkung brauchen, wenn die Wirkung auf einen späteren Moment verschoben ist, erst in dem Augenblick seiner Wirkung vorzuliegen. Deshalb kann zwar keine zukünftige Sache durch Übergabe übereignet werden; denn die Übergabe gehört zum Geschäftsabschlusse, wohl aber eine zukünftige Forderung abgetreten werden; denn abgeschlossen wird der Zessionsvertrag lediglich durch die Willenserklärungen der Parteien, der Übergang der Forderung ist lediglich Wirkung des Geschäftes."

Daß das Hindernis nicht in der Natur der Verfügung liegt, ergibt sich auch daraus, daß in den wenigen Fällen, in denen das Gesetz ausnahmsweise von dem publizistischen Elemente beim sachenrechtlichen Verkehr absieht, ein dinglicher Vertrag in die Zukunft gestellt werden kann, so daß das Eigentum kraft des antizipierten Vertrages auf einen anderen übergeht.

Das BGB. kennt zunächst in einem Falle auch die societas omnium bonorum, nämlich bei der gesetzlichen Gütergemeinschaft. Während bei Gesellschaften die Vereinbarung, daß der Geschäftsführer im Namen der Gesellschaft erwerben soll, nur eine obligatorische Wirkung hat, hat eine solche Bestimmung im Ehevertrag dingliche Wirkung. Nach § 1438 erwirbt der eine Ehegatte Eigentum auch an den Sachen, die der andere erst künftig erwerben wird.

Eine zweite Ausnahme betrifft den Fruchterwerb, wo eine dinglich wirksame Verfügung schon möglich ist, bevor die Sache als selbständige Mobilie existiert. Nach § 956 erwirbt derjenige, welcher vom Eigentümer das (obligatorische) Recht zur Aneignung der Erzeugnisse oder sonstiger Bestandteile einer Sache erhalten hat, das Eigentum an ihnen mit der Trennung, wenn ihm der Besitz der Sache überlassen ist (z. B. der Pächter eines Landgutes, aber auch der Käufer von Früchten auf dem Halm und von Holz auf dem Stamme, wenn er in den Besitz des Grund und Bodens oder in den Sonderbesitz der Früchte gesetzt ist). Hier liegt eine Verfügung über eine noch nicht existierende Sache vor, durch welche diese sofort mit ihrer Entstehung in das Eigentum, den Nießbrauch, das Pfandrecht des Erwerbers fällt.[16]) § 957

---

[15]) Kohler a. a. O., bes. S. 95, sucht nachzuweisen, daß das Traditionssystem nur formell vom BGB. angenommen sei; materiell befolge es besonders im Anschluß an das französische und das Naturrecht das Vertragssystem.

[16]) Die Konstruktion des Fruchterwerbes in diesem Falle ist sehr streitig. Wie oben Kohler a. a. O. S. 107 f., v. Tuhr in DJZ. 9 S. 427, jetzt auch

kennt sogar eine Verfügung über künftige *fremde* Sachen zugunsten des gutgläubigen Erwerbers.

Ähnlich ist die Sachlage bei der Pfändung stehender Früchte nach § 810 ZPO.,[17]) wobei es sich allerdings nicht um eine Verfügung im privatrechtlichen Sinne, sondern um eine gerichtliche Anordnung handelt. Auch hier ist schon vor dem Entstehen selbständiger Mobilien eine dinglich wirksame Verfügung möglich, ein antizipativer Pfändungsakt, aus dem aber ein wirkliches Pfandrecht erst entsteht, wenn die Sachen selbständig geworden sind.[18])

Aus dem Vorstehenden ergibt sich als wichtige Folgerung, daß eine Abtretung künftiger Ansprüche immer dann unzulässig ist, wenn gesetzliche Formerfordernisse gegenwärtig noch nicht erfüllt werden können. Deshalb ist eine Abtretung künftiger Ansprüche im Grundbuchverkehr ausgeschlossen. Dies spricht auch ein Urteil des OLG. Braunschweig vom 18. September 1903 aus: „Die Frage der Abtretbarkeit zuzukünftiger Forderungen wird nicht einheitlich für alle Verfügungen zu beantworten sein; sie ist z. B. im Grundbuchverkehr zweifellos zu verneinen.“[19])

3. Schließlich läßt sich auch logisch nachweisen, daß die Annahme einer dinglich wirksamen Verfügung über das, was noch nicht ist,

---

Planck (3. Aufl.) § 956 Nr. 4. Andere sehen, den Motiven (III S. 367 f., s. auch Pr. II Bd. 3 S. 250) folgend, in der Gestattung in Verbindung mit der Besitzüberlassung eine auf künftige Übereignung gerichtete unwiderrufliche Traditionsofferte, die der Pächter mit der Trennung der Früchte annehme. So früher *Planck* § 956 Nr. 4, *Staudinger* § 956 Nr. II 3 und II 6, *Maenner*, Sachenrecht § 25 Anm. 53. Diese Konstruktion berücksichtigt aber nicht, daß der Eigentumserwerb nach § 956 durch die Trennung selbst erfolgt, ohne daß ein dahingehender Wille des Pächters in diesem Augenblick nötig wäre. *Stobbe-Lehmann* § 130 nehmen ein dingliches Fruchtziehungsrecht des Pächters an, das diesem im Gestattungsvertrage als vom Eigentümer losgelöst bestellt werde. Nach v. *Blume*, Zur Lehre vom Fruchterwerb des Pächters in IheringsJ. 39 S. 429 f. und die Aneignung von getrennten Sachbestandteilen nach §§ 956, 957 in BlfRA. 67 S. 102 f., 113 f., handelt es sich nicht um Aneignung, sondern um Anfall und der Rechtsgrund des Fruchterwerbes liegt unmittelbar in dem Nutzbesitz des Pächters, ohne daß man einen Traditions- oder traditionsähnlichen Vertrag annehmen müsse. Ähnlich gibt *Gierke*, Deutsches Privatrecht § 137 Anm. 30 dem Pächter ein durch den Besitz mit dinglicher Wirkung ausgestattetes „Anfallsrecht“.

[17]) § 824 ZPO. hat für unsere Frage keine Bedeutung, da durch den Zuschlag bei der Versteigerung, anders wie bei der Liegenschaftsvollstreckung (ZVG. § 90, 56), der Übergang des Eigentums nicht herbeigeführt wird; dieses geht vielmehr erst mit der Übergabe über.

[18]) So *Oertmann* § 94 Nr. 3 c. Auch das österreichische Recht kennt eine solche antizipative Pfändung, s. § 457 ABGB.; vgl. v. *Ohmeyer* S. 79 f., *Stubenrauch*, Komm. § 457; a. A. *Krainz-Pfaff-Ehrenzweig* I § 270, *Exner*, Österreichisches HypR. I § 3. Dagegen enthält das ALR. I, 20, 478 eine präsent wirkende Verpfändung der Liegenschaftsfrüchte (vgl. I, 20, 114; *Dernburg* III § 267 Anm. 6 S. 907).

[19]) S. auch Beschluß des Kammergerichts vom 16. Januar 1905; darnach kann eine zukünftige Eigentümerhypothek schon vor ihrer Entstehung abgetreten und gepfändet werden, aber die Abtretung und Pfändung nicht ins Grundbuch eingetragen werden, ohne die Eintragung können jedoch dingliche Wirkungen nicht eintreten.

keineswegs über die Schranken eines menschlichen Denkvermögens hinausgeht, wie dies Eccius behauptet. Der Kern der ganzen Frage, um die es sich hier handelt, ist der: Ist es möglich, über ein Recht, das erst später entstehen soll, schon jetzt durch eine Willenserklärung zu verfügen, obgleich ihre Wirkung erst dann eintreten soll, wenn das Recht entsteht, und durch die Abgabe dieser Erklärung sich selbst in seiner Verfügungsmacht über das zukünftige Recht zu binden? Dies und nur dies will doch eine „Verfügung über ein künftiges Recht" bedeuten. Wollte man damit die Vorstellung verbinden, daß sie sofort die gleichen Wirkungen äußerte wie eine Verfügung über ein bestehendes Recht, so wäre dies allerdings eine undenkbare, ja eine sinnlose Vorstellung; denn ein dingliches oder ein dem dinglichen ähnliches Rechtsverhältnis ist unmöglich zu einem noch nicht existierenden Gegenstand. Die Verfügung über ein künftiges Recht soll aber erst dann wirksam werden, wenn das Rechtsobjekt zur Entstehung gelangt. Für diesen Zeitpunkt soll aber der Verfügende schon jetzt durch seine Willenserklärung gebunden sein, so daß er den Rechtserwerb des anderen nicht mehr verhindern kann.[20]) Hiezu genügt aber nicht ein bloß obligatorischer Vertrag, sondern das Rechtsgeschäft muß das Recht, sobald es entsteht, unmittelbar ergreifen. Eine derartige in die Zukunft wirkende Willenserklärung scheint mir nach dem Wesen der Willenserklärung wohl denkbar.[21]) Mit welchen Gründen man die Zulässigkeit einer solchen Verfügung, die die Verfügungsmacht allerdings stark, aber doch keineswegs — der Regel nach — in unsittlicher Weise bindet, in Abrede stellen will, kann ich nicht einsehen. Eine ähnliche Wirkung haben doch auch der Erbvertrag und der Erbverzicht und es fragt sich nur, wie weit auch beim Rechtsverkehr unter Lebenden solche antizipative Verfügungen zulässig sind. Daß die aktuellen Wirkungen eines solchen Rechtsgeschäftes über ein zukünftiges Forderungsrecht andere sind, wie bei einem über ein gegenwärtiges Forderungsrecht, ist selbstverständlich, aber eine Sache für sich. Dies hat eine Entscheidung des RG. vom 28. Oktober 1881,[22]) die sich gegen die Zession künftiger Ansprüche ausspricht, nicht beachtet: „Es soll ein Recht aus dem Vermögen des Zedenten in das des Zessionars übergehen. Dieses ist aber juristisch **nur** denkbar, wenn das Recht schon einen Teil des Vermögens des Zedenten bildet. Der Zedent muß das Recht **bereits** erworben haben, und folglich das Recht selbst bestehen." Dies wäre nur dann der Fall, wenn die

---

[20]) **Windscheid-Kipp** I § 67 Anm. 2 über die bedingte Willenserklärung: „Jedenfalls ist der Uebertragende sofort gebunden, er kann den Erwerb des Rechtes für den Fall der Erfüllung der Bedingung nicht mehr verkümmern." Vgl. auch **Unger**, System II § 7, 8, **Fitting**, über den Begriff der Rückziehung („Vorwirkung").

[21]) Vgl. **Windscheid-Kipp** I, § 242 Anm. 8, RG. vom 1. Oktober 1907. A. A. **Eccius** bei Gruchot 53 S. 3 (dagegen wieder Grünebaum im „Recht" 13 S. 660).

[22]) Abgedruckt bei Gruchot 26 S. 936 f. (vgl. S. 62). Die Entscheidung betrifft ALR. Übrigens ließen spätere Entscheidungen Übertragungen von künftigen Forderungen auch nach ALR. im weiteren Umfange zu, z. B. RG. vom 24. Februar 1887 bei Bolze Pr. 4 S. 171 (s. S. 64).

Wirkungen der antizipativen Verfügung die gleichen wären wie bei einer über ein gegenwärtiges Recht.

4. Wie bereits oben erwähnt, halte ich diesen ganzen auf einem Streit um Begriffe aufgebauten Gedankengang von Eccius für verfehlt. Das BGB. kennt Verfügungen über künftige Rechte,[23]) es kennt sogar in einem — allerdings streitigen — Falle eine Verfügung über eine künftige Sache (§ 956) und die ZPO. einen solchen einer gerichtlichen Verfügung (§ 810). Das tägliche Leben zeigt uns in dem heutigen auf der Kreditwirtschaft aufgebauten Verkehr die Möglichkeit der Verfügung über künftige Rechte. Wie soll sich gegenüber den Erscheinungen der Praxis deren Unmöglichkeit aus einem logischen Widerspruch, der in dem Begriffe der Verfügung liegt, ergeben? „Es ist eine falsche Vorstellung, daß die Bedürfnisse des Verkehrs in einem wirklichen Widerspruche stehen könnten mit der Rechtstheorie . . . Wo ein solcher Konflikt zu bestehen scheint, liegt die Schuld nicht am Verkehr, sondern an der Theorie."[24]) Ich sehe in diesem ganzen Streit mit Begriffen und in dem um jeden Preis unter eine Konstruktion Zwängenwollen[25]) nur einen Überrest Hegelscher Denkweise, unter deren Banne die Jurisprudenz länger verharrt wie die anderen Wissenschaften. Philosophie und Naturwissenschaften haben die spekulative Methode mit Gleichgültigkeit und Verachtung des Publikums büßen müssen und sich daraufhin entschlossen von dem Begriffskultus losgemacht. Sollte es nicht auch für die Rechtswissenschaft im Interesse ihrer Volkstümlichkeit besser sein, sich von solchen nicht aus praktischen Bedürfnissen, sondern aus reiner, dem Leben abgewandter Theorie entsprungenen Begriffsstreitereien zu befreien?

II.

Eine weitere Stütze glauben die Gegner der Abtretbarkeit künftiger Ansprüche im Wortlaut des § 398 zu besitzen. Ich bekenne mich offen zur Reihe derer, die für die Auslegung von Gesetzen, namentlich von denen unserer Tage, den Grundsatz aufstellen, man müsse, selbst auf die Gefahr hin des Buchstabenkultus beschuldigt zu werden, vom Wortlaut ausgehen. Das Gesetz, so wie es als ein gewordenes Ganzes uns vorliegt, muß für den Interpreten ein ihm anvertrautes und unantastbares Gut sein; dessen gedanklichen Inhalt kann er wohl rückhaltlos ergründen, nimmermehr aber darf er sich über dessen einzelne Bestimmungen als „souveräner Rechtsschöpfer" hinwegsetzen. Schlösse also der Wortlaut des § 398 die Abtretung künftiger Ansprüche aus, so wäre für mich die Streitfrage erledigt; man möchte dann die Bestimmung

---

[23]) S. BGB. §§ 573, 574, 717, 1124, 1126, 1190 (§ 312 Abs. 2 ist fraglich); ferner HGB. § 891, KO. § 21 Abs. 2; s. darüber unten § 5, III.

[24]) Delbrück, Übernahme fremder Schulden S. 17.

[25]) Über die wahre Aufgabe der juristischen Konstruktion s. Binder, Rechtsstellung des Erben II S. 61 f. (Zustimmend Oertmann im ArchBürgR. 22 S. 369). — Vgl. ferner Danz a. a. O. S. 77, Grünebaum im Recht 13 S. 660 f.

des Gesetzes abfällig beurteilen, bedauern, allein für eine Streitfrage wäre kein Raum.

1. Auf den ersten Blick scheint allerdings Satz 1 des § 398 die Möglichkeit der Abtretung eines künftigen Anspruches zu verneinen. Wenn er sagt: Eine Forderung kann von dem Gläubiger auf einen andern übertragen werden, so scheint er vorauszusetzen, daß einem als Gläubiger eine schon bestehende Forderung zusteht, die aus dessen Vermögen in das eines anderen übergehen soll.[26]) Allein der Inhalt dieses Satzes ist der, daß er die Möglichkeit einer Sonderrechtsnachfolge in eine Forderung ausdrücklich betont,[27]) was ja im römischen Rechte prinzipiell unmöglich und im gemeinen Rechte streitig war (vgl. § 1). Er spricht also bloß die Tatsache aus, daß eine Forderung abgetreten werden kann, aber er sagt gar nichts darüber, welche Forderungen abgetreten werden können. Vielmehr geht das BGB. von der grundsätzlichen Übertragungsmöglichkeit der Ansprüche, jedenfalls der obligatorischen, aus[28]) und hebt in einer Reihe von Paragraphen (z. B. §§ 399, 400, 717, 847, 1300, 1408) als Ausnahmen die Unabtretbarkeit gewisser Ansprüche besonders hervor.[29]) Nach Analogie dieser Paragraphen sind die vom Gesetze nicht geregelten zweifelhaften Fälle zu entscheiden; aus § 398 läßt sich für sie nichts entnehmen. Es zwingt also nichts den Ausdruck „Forderung" in § 398 auf die schon bestehenden Forderungen, die natürlich die Regel bilden, zu beschränken; es lassen sich darunter auch bedingte, befristete und sogar zukünftig erst entstehende mitbegreifen.[30])

Gegen diese Ansicht macht Eccius folgendes geltend: Wenn man den Wortlaut des § 398 nicht für einen Beweis hält, daß ausschließlich der Gläubiger eine Forderung übertragen könne, so dürfe man mit gleichem Rechte behaupten, daß jemand, der hofft, es werde ihm irgend einmal zusammen mit irgend einem eine Erbschaft anfallen, schon jetzt über seinen künftigen Anteil am Nachlasse eines noch Lebenden verfügen könnte; denn § 2033 gestattet jedem Miterben über seinen Anteil zu verfügen und enthält keine ausdrückliche Bestimmung, daß nur ein Miterbe, dem bereits ein Erbteil angefallen ist, dies könne. Allein hier ergibt sich schon aus der Stellung des Paragraphen im System des Gesetzbuches, daß das BGB. nur nach einem bereits eingetretenen Erbfall eine solche Verfügung zuläßt;[31]) denn die Bestimmung findet sich im zweiten Abschnitte des V. Buches, der die „rechtliche Stellung des

---

[26]) Angeführt von Eccius in DJZ. 9 S. 55 und bei Gruchot 53 S. 2.

[27]) Ebenso Planck § 398 Nr. 1.

[28]) Ebenso Oertmann § 399 Nr. 1, Planck § 398 Nr. 4, Staudinger § 398 Nr. 2, Eckstein a. a. O. S. 24, 27, RGE. 51, 171, OLG. Braunschweig vom 18 September 1903; a. A. teilweise Sohm, Gegenstand S. 30, nach dem bei dinglichen und personenrechtlichen Ansprüchen von der Nichtabtretbarkeit auszugehen sei.

[29]) S. Oertmann § 399 Nr. 1, Fischer-Henle § 399 Nr. 3.

[30]) Ebenso Heuer in DJZ. 8 S. 29.

[31]) Ebenso Planck § 2033 Nr. 1, Lippmann in DJZ. 9 S. 257. — Vgl. auch die interessanten Ausführungen Binders über diese Stelle in Rechtsstellung des Erben III S. 90 f.

Erben" regelt, also für alle seine Vorschriften einen bereits eingetretenen Erbfall zur notwendigen Voraussetzung hat. Ferner ergibt sich die Unzulässigkeit einer solchen Verfügung schon vor dem Erbfalle durch Beweis a fortiori aus § 312, der sogar einen Verpflichtungsvertrag vor dem Erbfall für nichtig erklärt. Er macht allerdings in Abs. 2 eine Ausnahme für den obligatorischen Vertrag unter Miterben über ihren Erbteil, aber diese Bestimmung begünstigt nur gesetzliche Miterben und gilt nur für einen Vertrag über den gesetzlichen Erbteil, während § 2033 auch für die Verfügung eines von mehreren Testaments- und Vertragserben gilt und zwar gleichgültig, ob über seinen gesetzlichen, testamentarischen oder vertragsmäßigen Anteil. Eine solche Einschränkung läßt sich dagegen für den § 398 weder aus seiner Stellung noch aus einer anderen Vorschrift des BGB. entnehmen.

Bemerkenswert ist, daß man auch aus der ähnlichen Fassung des preußischen ALR. I, 11, 372[32]) und des österreichischen ABGB. § 1393[33]) folgerte, daß nur Ansprüche aus bereits bestehenden konkreten Rechtsverhältnissen übertragen werden könnten, aber auch hier in beiden Fällen ohne zwingenden Grund.

2. Auch der zweite Satz des § 398 kann nicht als Gegengrund verwendet werden. Wohl heißt es hier „mit dem Abschlusse". Wäre damit etwas dem Begriffe der Abtretung Wesentliches gesagt, so wäre dadurch die Abtretung eines künftigen Anspruches unmöglich gemacht. Allein das BGB. stellt durch diese Bestimmung nicht das Erfordernis auf, daß der neue Gläubiger in dem Augenblicke des Vertragsabschlusses an die Stelle des bisherigen Gläubigers müsse treten können, sondern die Bedeutung des Satzes liegt darin, daß er betont, daß unmittelbar durch den Vertrag der bisherige Gläubiger ausgeschlossen und der neue an seine Stelle gesetzt werde.[34]) [35]) Die denuntiatio des Zessionars hat damit ihre Bedeutung, die sie ihm gemeinen Rechte hatte,[36]) daß nämlich erst durch sie, nicht schon durch den Übertragungsvertrag das Recht des bisherigen Gläubigers ausgeschlossen wurde, für das BGB. eingebüßt.[37])

---

[32]) S. die Entscheidung des RG. vom 28. Oktober 1881 vgl. S. 20 und 62).

[33]) Hier lassen sich unter den „veräußerlichen Rechten" in Verbindung mit § 939 auch zukünftig erst entstehende Rechte verstehen.

[34]) Vgl. Mot. II S. 118, Prot. I S. 377.

[35]) A. A. Bekker in Iherings Jahrb. 49 S. 5 f.; er läßt das „Vollrecht" erst mit der Denunziation oder sonst erlangter Kenntnis des Schuldners übergehen. Bis dahin bestehe ein „Schwebezustand"; der Zessionar habe nur eine „Verfügungsgewalt". Diese Ansicht läßt sich mit dem Wortlaut des § 398 nicht vereinbaren.

[36]) Wenigstens nach der Ansicht Windscheids s. Windscheid-Kipp II § 331 Anm. 8. (Vgl. auch ALR. I, 11, 413.)

[37]) Ebenso RG. vom 29. September 1903: „Der zweite Satz des § 398 BGB. steht dieser Auffassung nicht entgegen; er sagt nur, daß sich die Rechtsänderung unmittelbar an den Abtretungsvertrag, nicht erst an die Benachrichtigung des Schuldners oder an die Auslieferung der Schuldurkunden oder an sonstige mit der Erfüllung des Abtretungsvertrages zusammenhängende Umstände knüpft." Ebenso OLG. Braunschweig vom 18. September 1903, OLG. München vom 6. Februar 1909, Dernburg II, 1 § 116 S. 350 Anm. 7, RGE. 55 S. 402. A. A. Hellmann, Konkursrecht S. 138 Anm. 3, Eccius bei

So läßt sich aus dem Wortlaut des § 398 kein Beweis gegen die Abtretbarkeit künftiger Ansprüche entnehmen. Freilich kann er auch nicht für die Abtretbarkeit verwertet werden. Das BGB. hat eben in dieser Frage keine ausdrückliche Entscheidung getroffen.

III.

Eine ausdrückliche Entscheidung der Streitfrage gibt auch nicht § 400. Zunächst ist es bestritten, ob und in welchem Umfange künftige Ansprüche der Pfändung unterworfen sind (s. darüber unten § 14). Allein selbst angenommen, daß eine Pfändung künftiger Ansprüche ausgeschlossen sei, so hat doch § 400 für unsere Frage gar keine Bedeutung. Er bezieht sich nur auf die gesetzlichen Pfändungsverbote, die in der ZPO. §§ 850 f. und in gewissen Reichsgesetzen enthalten sind;[38]) denn die gleichen sozialpolitischen Erwägungen, die zum Zwecke der Freihaltung eines gewissen Existenzminimums jene Ansprüche der Pfändung entzogen, sprechen auch dafür, daß über sie auch nicht durch private Parteiverabredung verfügt werden darf. Diese ratio legis trifft aber auf die künftigen Ansprüche nicht zu und deshalb hat § 400 mit der vorliegenden Streitfrage gar nichts zu tun.[39])

IV.

Gegen die Abtretbarkeit künftiger Ansprüche könnte man sich auch auf das Wesen der Übertragung als einer Sonderrechtsnachfolge in eine Forderung berufen. Daß darin das Wesen der Abtretung liegt, darüber herrscht in der Wissenschaft wohl Übereinstimmung. Auch die Motive zu Entwurf I.[40]) heben hervor, der Entwurf stehe hinsichtlich der Übertragung von Forderungen auf dem Boden des Prinzips der Sondernachfolge, und im Entwurf I. trug Titel IV. des ersten Abschnittes des zweiten Buches, welcher die Bestimmungen des jetzigen vierten und fünften Abschnittes des zweiten Buches umfassen sollte, die Überschrift „Sondernachfolge in Forderung und Schuld".[41]) Dieser Charakter der Übertragung scheint der Abtretbarkeit künftiger Ansprüche im Wege zu stehen; denn eine Rechtsnachfolge ist doch nur in etwas Bestehendes möglich.

Allein auch dieser Einwand ist nicht stichhaltig. Auch bei der Abtretung eines künftigen Anspruches[42]) wird der Zessionar Rechtsnachfolger des Zedenten im technischen Sinne: er tritt in die Rechtsstellung

---

Gruchot 53 S. 2. — Als Gegensatz vgl. beispielsweise Schweizer Obligationen-Recht Art. 184, nach dem die Zession ohne besondere Form verbindlich ist, die Wirksamkeit aber, namentlich im Konkurse des Abtretenden, abhängig ist von der schriftlichen Beurkundung, bzw. der schriftlichen Anzeige des Zedenten an den Schuldner, und österreichisches ABGB. § 1395.

[38]) Vgl. Planck § 400 Nr. 1 und § 394 Nr. 1; Oertmann § 400.

[39]) Ebenso OLG. Braunschweig vom 18. September 1903.

[40]) II S. 118.

[41]) Diese Überschrift wurde fallen gelassen, da eine Sondernachfolge in die Schuld ohne den Willen des Gläubigers nicht möglich ist.

[42]) Bei der Abtretung eines bedingten Anspruches kann man vielleicht eine konstitutive Rechtsnachfolge im Augenblick der Zession annehmen.

seines Rechtsvorgängers ein, es liegt kein originärer, sondern ein abgeleiteter Erwerb vor und deshalb, da der Zessionar sein Recht auf das seines Rechtsurhebers stützt, erwirbt er nur das Recht, wie es diesem zustand, kein besseres oder größeres. Allerdings kann diese Rechtsnachfolge nicht im Augenblicke des Vertragsabschlusses vor sich gehen — eine Nachfolge in etwas, was nicht existiert, ist undenkbar —, sondern erst in dem Augenblicke, in dem der Anspruch zur Entstehung gelangt. Dann aber wird der Zessionar sofort, ohne daß es eines weiteren Übertragungsaktes des Zedenten bedürfte, Rechtsnachfolger desselben. Rein tatsächlich betrachtet, wird freilich bei der Abtretung eines künftigen Anspruches der Zedent in keinem Zeitpunkt Gläubiger der Forderung, im Augenblick der Zession nicht, weil die Forderung noch gar nicht besteht, und im Augenblick der Entstehung der Forderung nicht, weil jetzt die Forderung infolge der antizipativen Verfügung nicht mehr ihm, sondern dem Zessionar zusteht. Hierbei berücksichtigt man aber nur das rein zeitliche Verhältnis, jedoch nicht das logische und dies ist das wichtigere. Wenn der Zedent auch nur eine Durchgangsperson ist, so ist doch der Rechtserwerb des Zessionars allein darauf begründet, daß der Tatbestand des Erwerbes (d. h. die Tatsachen, die zum Erwerbe des Rechtes notwendig sind), wenn auch nicht die tatsächliche Rechtsfolge in der Person des Zedenten eintritt. Die Rechtsurheberschaft des Zedenten zeigt ihre Bedeutung in der Frage nach der Zulässigkeit von Einwendungen usw. (Das Nähere über dieses Rechtsverhältnis s. in Kapitel IV.)

Es liegt hier eine ähnliche Situation vor wie im Falle des § 185 Abs. 2. Auch da kann im Augenblick der Verfügung von einer Rechtsnachfolge keine Rede sein, sondern diese tritt erst dann ein, „wenn ... der Verfügende den Gegenstand erwirbt“, d. h. genauer gesagt, wenn er ihn erwerben würde, wenn er noch nicht darüber antizipativ verfügt hätte. Auch hier steht dem Verfügenden in keinem Augenblick der Gegenstand zu, allein auch hier ist er Rechtsurheber für den anderen und dies ist z. B. von Bedeutung, wenn infolge Anfechtung oder Eintritt einer auflösenden Bedingung die bereits wirksam gewordene Verfügung nachträglich wieder ihre Wirkung verliert.[43])

Wenn der Charakter der Zession als einer Rechtsnachfolge in eine Forderung die Abtretung künftiger Ansprüche ausschlösse, so hätte dies auch im gemeinen Rechte der Fall sein müssen; denn schon dort hat die herrschende Meinung in der Zession eine Sondernachfolge in die Forderung gesehen (s. § 1). Allein im gemeinen Rechte war die Abtretbarkeit künftiger Ansprüche allgemein anerkannt (s. § 3).

V.

Schließlich werden auch soziale Erwägungen von den Verfechtern der Unabtretbarkeit künftiger Ansprüche ins Feld geführt. Besonders Oertmann[44]) weist auf die Gefahren nachdrücklich hin, die aus der

[43]) Oertmann § 185 Nr. 5 a α.

[44]) § 399 Nr. 1 g γ (s. aber auch 3. Aufl.); vgl. auch OLG. Jena vom 29. Oktober 1906 (s. S. 34 Anm. 29).

Möglichkeit der Übertragung künftiger Ansprüche entstehen können. „Alle möglichen mehr oder minder phantastischen, in Entstehungsgrund, Inhalt und Umfang noch unübersehbaren Zukunftsansprüche zu möglichen Übertragungsobjekten zu erheben, dazu liegt kein genügender Anlaß vor, und theoretisch erwecken derartige „Zessionen“ wegen ihres meist völlig unbestimmten Inhalts schwere Bedenken. Es wären das spekulative Geschäfte, die wegen der Unübersehbarkeit ihrer Folgen leicht unvorhergesehene Benachteiligungen der einen oder anderen Partei mit sich bringen möchten.“

Ich gebe zu, daß dieser Einwand begründet ist. Die Möglichkeit schon jetzt über seine künftigen Rechte verfügen zu können, mag für manchen unerfahrenen oder leichtsinnigen Menschen große Gefahren in sich bergen, und diese Bedenken mögen de lege ferenda es vielleicht wünschenswert machen, die Abtretung künftiger Ansprüche zu verbieten oder wenigstens einzuschränken. Allein da unserem Gesetze eine solche ausdrückliche positive Vorschrift mangelt, halte ich diese sozialen Erwägungen allein nicht für genügend daraus die Unabtretbarkeit zu folgern.

Zunächst wäre damit die Gefahr nicht beseitigt; denn die Gegner, die eine Verfügung über künftige Ansprüche nicht für möglich halten, lassen allgemein obligatorische Verträge darüber zu[45]) und diese können ebenfalls zu gefährlichen Spekulationsgeschäften benutzt werden.

Dann wird aber die Gefahr durch Vorschriften unseres Gesetzes selbst bedeutend verringert, besonders durch die §§ 138 und 310. Darüber ist unten (s. § 6) noch ausführlich zu sprechen. Hier sei nur bemerkt, daß auch wir, die wir die grundsätzliche Zulässigkeit der Abtretung künftiger Ansprüche verteidigen, für die Gültigkeit des Abtretungsaktes im speziellen Fall eine genügende Bestimmtheit des zu übertragenden Anspruches verlangen und durch dieses Erfordernis wird das theoretisch scheinbar so weite Anwendungsgebiet unserer These in der Praxis bedeutend eingeschränkt.

§ 5.

Gründe für die Abtretbarkeit.

I.

Wenn wir uns nun den Gründen zuwenden, die für die Zulässigkeit der Abtretung künftiger Ansprüche nach dem BGB. sprechen, so sei zunächst auf das Verhältnis des BGB. zum gemeinen Recht hingewiesen.[1]) Dort war ihre Übertragbarkeit unbestritten. Die Kommissionen und die gesetzgebenden Körperschaften haben jedenfalls nicht die Absicht gehabt hieran etwas zu ändern. Da sich im Corpus juris keine ausdrückliche Bestimmung über die Zulässigkeit solcher Zessionen fand, so hielten auch sie es wohl nicht für nötig, einen besonderen Paragraphen

[45]) S. S. 3 Anm. 16.

[1]) Angeführt von Heuer in DJZ. 8 S. 28f., OLG. Hamburg vom 1. November 1901, OLG. Braunschweig vom 18. September 1903, RG. vom 29. September 1903; bekämpft von Straus in DJZ. 8 S. 342 und Eccius in DJZ. 9 S. 54.

ins BGB. einzufügen. Dagegen wäre es doch merkwürdig, wenn die Kommissionen einen ihnen sicher bekannten Satz des römischen Rechtes hätten abändern wollen und sie dies nicht in einer besonderen Vorschrift betont hätten. Eccius wendet nun ein, daß im römischen Recht, das ja die Zession nur als obligatorischen Mandatsvertrag kannte, eine Zession einer zur Zeit des Mandats noch nicht bestehenden Forderung denkbar war, daß man dann diese Auffassung auch in die gemeinrechtliche Praxis, obgleich sie allmählich in der Zession eine Verfügung sah, herübergenommen habe, daß man aber daraus nimmermehr bestimmen könne, welche Rechte nach BGB. übertragbar seien. Allein der Streit über das Wesen der Zession hatte bereits im gemeinen Recht seinen Abschluß gefunden; die Auffassung der Abtretung als einer Verfügung über die Forderung war allgemein herrschend und an dieser Rechtsnatur wollte das BGB. nichts ändern. Wenn man also im gemeinen Recht nach übereinstimmender Ansicht über einen künftigen Anspruch durch Zession verfügen konnte, so läßt sich daraus wohl annehmen, daß, wenigstens nach der Meinung der Kommissionen, auch unter der Herrschaft des BGB. künftige Ansprüche Gegenstand einer Übertragung sein können.

Daß die II. Kommission die Abtretung künftiger Ansprüche für zulässig hielt, dafür finden wir in den Protokollen[2]) selbst ein Zeugnis. Unter den Gründen, aus denen die Kommission das Erfordernis der Denunziation als unzweckmäßig ablehnte, wird als Beispiel angeführt, daß häufig Kreditanstalten, wenn sie zu umfangreichen Lieferungsgeschäften, Eisenbahnbauten usw. ausgedehnten Kredit gewähren, sich die dem Kreditnehmer gegen den Besteller erwachsenden Ansprüche zur Sicherstellung abtreten lassen. Unter den „erwachsenden Ansprüchen“ können nach Heuer nur zukünftige erst entstehende verstanden werden. Diese Auslegung hält Straus für unzutreffend; nach ihm handelt es sich hier um Forderungen, die dem Übernehmer aus bereits abgeschlossenen Verträgen erwachsen, die aber noch bedingt sind durch die Erfüllung der eingegangenen Verpflichtungen. Ich glaube, daß die Kommission hier beide Arten von Ansprüchen im Auge gehabt hat. Gemeint sind die typischen Verträge,[3]) bei denen ein Unternehmer, der ein größeres Werk ausführen will, zu dem er Kredit bedarf, sich an eine Kreditanstalt wendet und diese sich zur Sicherung die Ansprüche abtreten läßt, die jenem in Zukunft aus einem Vertrag über die Ausführung eines bestimmten Werkes zustehen, gleichgültig ob dieser Vertrag bereits abgeschlossen ist oder erst abgeschlossen werden soll, wenn nur das opus genau festgestellt ist. Auf jeden Fall handelt es sich bei Verträgen dieser Art nicht um Abtretung gegenwärtig bestehender Ansprüche, sondern solcher, die dem Unternehmer bei Abschluß des Kreditvertrages gegen den Besteller noch gar nicht erwachsen sind. Es steht nur der Grund fest, aus welchem die Ansprüche entstehen sollen,

---

[2]) I S. 381.

[3]) Vgl. z. B. den Tatbestand in RG. vom 29. September 1903 (s. unten S. 61).

eben die Ausführung eines bestimmten Werkes; ob darüber der Werkvertrag bereits vorliegt, ist gleichgültig.

Aus dem Vorstehenden ergibt sich, daß die Kommissionen an der Behandlung der Abtretung künftiger Ansprüche im gemeinen Recht für das BGB. nichts ändern wollten, daß diese nach ihrer Ansicht auch unter der Herrschaft des BGB. zulässig ist.

II.

Die Bestimmung des § 185 Abs. 2 wurde bereits zum Beweise dafür verwendet, daß die Verfügung nicht begriffsnotwendig einen Gegenstand sofort unmittelbar ergreifen muß, daß daher eine Verfügung über ein künftiges Recht kein logischer Widerspruch ist. Hier soll aus dieser Vorschrift auch ein Argument a fortiori für die Wirksamkeit der Abtretung eines künftigen Anspruches gewonnen werden.[4])

Nach § 185 Abs. 2 wird die Übertragung einer Forderung von Seiten eines Nichtberechtigten nachträglich wirksam, wenn der Verfügende die Forderung erwirbt. Warum soll nun die Verfügung nicht auch für den Fall möglich sein, wenn die Forderung nicht einem andern zusteht, sondern überhaupt noch nicht existiert? Nach Oertmann soll weder Wortlaut noch Sinn für diese Ansicht eine Stütze geben. Der hierher passende Teil des Paragraphen dürfte etwa so lauten: „Eine Verfügung, die ein Nichtberechtigter über einen Gegenstand trifft, wird wirksam, wenn der Verfügende den Gegenstand erwirbt." Mag auch der Wortlaut des Gesetzes für unseren Fall keinen Anhalt bieten, so steht er doch einer analogen Anwendung für den Fall, daß der Gegenstand erst entsteht, der Verfügende ihn aber mit seiner Entstehung erwirbt, nicht im Wege. Auch der Sinn läßt m. E. eine Analogie zu. Ein fremder Gegenstand ist allerdings etwas anderes als ein nicht existierender, aber nur für die objektive Betrachtung. Ausschlaggebend ist aber das Verhältnis des Verfügenden zu dem Gegenstand, und in dieser Hinsicht ist das Objekt für den Verfügenden im Augenblick des Vertragsabschlusses in beiden Fällen ein ihm noch nicht zustehendes. Im ersteren Fall ist bis zum Zeitpunkt des Rechtserwerbes ein Objekt tatsächlich wohl schon vorhanden, aber nicht in der Machtsphäre des Verfügenden; bis dahin fehlt also vom Standpunkt des Verfügenden aus ein Objekt, auf das seine Verfügung unmittelbar einwirken könnte. Ebenso scheint mir aber auch die rechtliche Situation im zweiten Falle. Bis zum Zeitpunkt der Entstehung des Rechtes ist auch hier ein Gegenstand für den Verfügenden nicht vorhanden; sobald er aber entsteht, wird er nachträglich von der Verfügung unmittelbar ergriffen, auch hier liegt eine antizipative Verfügung vor. Zudem ist in diesem Falle die Wahrscheinlichkeit größer, daß das Recht mir später zustehen wird. Im ersten Fall ist das Bestehen des Anspruches, z. B. des Darlehens, sicher; es ist aber fraglich, ob ich ihn erwerben kann. Im letzteren

---

[4]) Ebenso v. Tuhr in DJZ. 9 S. 427 und im Bankarchiv 7 S. 277, Planck § 398 Nr. 4 e, Enneccerus I S. 767; a. A. Oertmann § 185 Nr. 9, Eccius bei Gruchot 48 S. 465 f. und 53 S. 5, Lützeler a. a. O. S. 538.

Falle ist es zweifelhaft, ob der Anspruch zur Entstehung gelangt; wenn er aber entsteht, steht er mir zu. Hier handelt es sich für mich nur darum einen Schuldner zu finden, der z. B. ein Darlehen von mir annehmen will; im ersteren Fall bin ich dagegen ganz von dem Willen eines einzigen, dem gerade der Anspruch zusteht, abhängig. Wenn ich aber über einen Anspruch verfügen kann, dessen Erwerb mir ausschließlich durch den Willen des einzigen Berechtigten ermöglicht werden kann, so kann ich doch wohl auch über einen Anspruch verfügen, dessen Entstehung viel wahrscheinlicher ist, da ich hierbei nicht auf den guten Willen eines einzigen, sondern unbeschränkt vieler angewiesen bin. Der Fall der Verfügung über ein künftiges Recht, den das Gesetz nicht entschieden hat, ist also prinzipiell analog dem der Verfügung über ein fremdes Recht zu behandeln: auch sie ist gültig und konvaleszíert, wenn das Recht entsteht.

III.

Ein weiterer Beweis für die Übertragbarkeit künftiger Ansprüche ist die Tatsache, daß das BGB. selbst solche Abtretungen kennt.

Zunächst sind aber hier einige Fälle zu besprechen, in denen nach meiner Ansicht keine Abtretungen künftiger Ansprüche vorliegen.

Ganz außer Betracht muß § 1658 Abs. 2 bleiben; denn hier ist nicht die Rede von künftigen, sondern von betagten, also gegenwärtigen, noch nicht fälligen Ansprüchen.[5])

Um in § 571 eine Abtretung künftiger Ansprüche zu erblicken, muß man mit Endemann und Gerber-Cosack[6]) in der Bestimmung dieses Paragraphen eine gesetzliche Zession der Ansprüche aus dem Mietverhältnisse annehmen; dann liegt hier auch eine Abtretung der erst künftig dem Vermieter erwachsenden Ansprüche vor. Doch dürfte diese Konstruktion kaum zutreffend sein.[7])

Nur bei Annahme einer gesetzlichen Zession kann man die §§ 573 und 574 als Beispiele für rechtswirksame Abtretungen künftiger Ansprüche anführen. Die herrschende Meinung erblickt aber in jener Bestimmung des § 571 eine Real- oder Zustandsobligation. Nimmt man nun an, daß die einzelnen Mietzinsansprüche erst nach und nach durch Fortgewährung des Gebrauches bis zu einem bestimmten Termin zur Entstehung kommen,[8]) dann liegen allerdings künftige Ansprüche vor, allein keine solchen, die in der Person des Vermieters entstanden wären. Ansprüche, die künftig in der Person eines anderen, nicht des Zedenten entstehen, können nicht abgetreten werden. Die §§ 573 und 574 enthalten also eine Sonderbestimmung; inkonsequenter Weise sind

---

[5]) Ebenso Langheineken S. 56 Anm. 1; a. A. v. Tuhr im Bankarchiv 7 S. 277.

[6]) Endemann § 169 Nr. 29, Gerber-Cosack, Deutsches Privatrecht § 208 S. 354.

[7]) S. statt anderer Oertmann § 571 Nr. 3. — v. Tuhr nimmt in § 573 eine Abtretung künftiger Ansprüche an (Bankarchiv 7 S. 277). Vgl. Grünebaum im Recht 13 S. 661.

[8]) S. über diese streitige Frage S. 46 f.

Verfügungen des Vermieters über erst in der Person des Erwerbers entstehende Ansprüche wirksam.[9]) Wenn somit die §§ 573 und 574 auch keine rechtswirksame Abtretungen künftiger Ansprüche enthalten, so lassen sie sich trotzdem als Beweis für deren Zulässigkeit in zweifacher Hinsicht verwerten: zunächst beweisen sie, daß das BGB. Verfügungen über künftige, sogar fremde künftige Ansprüche kennt, daß also in einer Verfügung über künftige Rechte kein begrifflicher Nonsens liegt; zweitens daß das BGB. mit der Möglichkeit der Abtretung künftiger Ansprüche rechnet; denn wäre das vermietete Grundstück nicht veräußert worden, so wären Abtretungen von künftig erst entstehenden Mietzinsansprüchen, die in diesem Falle natürlich in der Person des Zedenten entstünden, rechtswirksam geblieben. Für den Fall, daß der Erwerber beim Erwerb die Vorausverfügungen kennt, sind sie ihm gegenüber unbeschränkt gültig (§ 573 Satz 2).

Zweifelhaft erscheint es mir auch, ob § 312 Abs. 2 eine Abtretung künftiger Ansprüche zuläßt. Lippmann[10]) nimmt an, daß, weil diese Bestimmung den gesetzlichen Miterben gestattet schon vor Eintritt des Erbfalls über ihren gesetzlichen Erbteil untereinander einen Vertrag zu schließen, sie ihr künftiges Erbteil an andere gesetzliche Miterben auch zedieren können. § 312 bezieht sich aber nur auf obligatorische Verträge; andererseits sind nach § 2033 Verfügungen über den Anteil eines Miterben erst nach dem Erbfall möglich. Ob man nun die Ausnahmebestimmung des § 312 Abs. 2 zugunsten der gesetzlichen Miterben ausdehnen darf, daß sie, entgegen § 2033, schon vor dem Erbfall über ihr gesetzliches Erbteil untereinander nicht nur Verpflichtungsverträge eingehen, sondern auch Verfügungen treffen können, erscheint mir nicht zweifelsfrei. Nur bei letzterer Auslegung ist in § 312 Abs. 2 eine Abtretung künftiger Ansprüche enthalten.

Sicher liegen dagegen Abtretungen künftiger Ansprüche vor in den §§ 717 Satz 2, 1124, 1126 Satz 3, KO. § 21 Abs. 2, HGB. § 891 Satz 1 und implicite auch in § 1190 BGB.

Die Bestimmung des § 717 Satz 2[11]) gestattet einem Gesellschafter die Übertragung seiner Ansprüche auf einen Gewinnanteil oder auf dasjenige, was dem Gesellschafter bei der Auseinandersetzung zukommt. Der Anspruch auf den Gewinnanteil entsteht erst mit der Auflösung

---

[9]) Gerade der Umstand übrigens, daß das Gesetz hier nicht die Unwirksamkeit späterer, sondern als Ausnahme die Wirksamkeit genau bestimmter Vorausverfügungen anordnet, ist ein Beweis für die Annahme einer Realobligation; denn dem Prinzipe treu müßte die Verfügung über die nicht in der Person des Vermieters entstehenden Ansprüche unwirksam sein. Dagegen müßte vom Standpunkt einer cessio legis aus die Vorausverfügung gültig sein; der § 573 müßte daher so gefaßt sein, daß er ausnahmsweise Vorausverfügungen über spätere Ansprüche für unwirksam erklärte. — Vgl. Oertmann § 573 Nr. 1.

[10]) In DJZ. 9 S. 257. A. A. RG. vom 20. März 1907 in JW. 1907 S. 244.

[11]) Vgl. Oertmann § 399 Nr. 1 g γ und Abrahamsohn in DJZ. 8 S. 343. — Brückmann a. a. O. S. 261 f. hält den Anspruch auf das Auseinandersetzungsguthaben für einen gegenwärtigen Anspruch, dessen Eigenart darin besteht, daß sich sein Inhalt erst aus Anlaß eines gewissen zukünftigen Ereignisses herausstellt. (Dagegen v. Ohmeyer S. 44 Anm. 32.)

der Gesellschaft, bezw. am Schlusse des Geschäftsjahres (BGB. § 721, HGB. §§ 120, 337). Der Anspruch auf dasjenige, was dem Gesellschafter bei der Auseinandersetzung zukommt, entsteht gleichfalls erst mit der Auflösung der Gesellschaft (BGB. § 730), ferner beim Ausscheiden eines Gesellschafters aus der Gesellschaft (BGB. § 738). Vorher sind, dem Prinzipe der „gesamten Hand" entsprechend, die Anteile an den Gesellschaftszweck gebunden und daher der freien Verfügung der einzelnen Gesellschafter entrückt, die nicht einmal Teilung verlangen dürfen (§ 719 BGB.). Beide Ansprüche bestehen also gegenwärtig für den Gesellschafter noch nicht und sind nach Bestand und Höhe noch unbestimmt, sie gelangen erst nach Ablauf eines gewissen Zeitabschnittes (Geschäftsjahres), in der Regel aber erst durch Eintreten eines weiteren Momentes (Auflösung der Gesellschaft oder Ausscheiden eines Gesellschafters) zur Entstehung. Allerdings sind es nicht solche künftige Ansprüche, zu denen noch nicht einmal der Grund gelegt ist, sondern sie sind sekundäre Ansprüche, die aus einem bereits bestehenden primären Schuldverhältnis entstehen,[12]) wobei entweder dieses Grundverhältnis weiter bestehen bleiben kann oder vorher eine Umwandlung desselben eintreten muß; an die Stelle der Gesellschaft tritt die Liquidationsgesellschaft.

Gleichfalls nur um künftige Ansprüche aus bestehendem Grundverhältnis handelt es sich in den Fällen der §§ 1124 und 1126 Satz 3, sowie in dem entsprechenden Falle des § 21 Abs. 2 der KO.[13]) Doch ist es nicht ausgeschlossen, daß § 1124 bei einem Grundstück, das regelmäßig vermietet oder verpachtet wird, auch die Abtretung des Miet- oder Pachtzinses aus einem erst noch abzuschließenden Vertrag für möglich hält.

Die Abtretung künftiger Ansprüche gleicher Art erklärt ausdrücklich für zulässig § 891 HGB. Darnach ist der Versicherte bei der Seeversicherung befugt nicht nur die aus einem bereits eingetretenen Unfall ihm zustehenden, sondern auch die künftigen Entschädigungsansprüche einem Dritten abzutreten.[14])

Einen Fall einer Abtretung eines künftigen Anspruches, zu dem noch nicht einmal der Grund gelegt ist, glaube ich in § 1190 gefunden

---

[12]) Motive II S. 614: „nicht unmittelbar aus dem Gesellschaftsvertrag entspringender, sondern nur infolge desselben entstandener Anspruch, welcher sich aus dem Gesellschaftsverhältnisse losgelöst und als ein davon unabhängiger und selbständiger ergibt."

[13]) Vgl. auch § 31 des preußischen Eigentumserwerbsgesetzes vom 5. Mai 1872: „Die Vorauserhebung, Abtretung und Verpfändung von Pacht- und Mietzinsen auf mehr als ein Vierteljahr . . . ist, soweit sie zum Nachteil des eingetragenen Gläubigers gereicht, ohne Wirksamkeit."

[14]) Bemerkenswert ist die Konstruktion, die Lippmann (in DJZ. 9 S. 258) für den Kontokorrentvertrag aufstellt, „der lediglich von der Zukunft lebt": alle gegenseitigen Kreditposten der Kontrahenten können als in der Absicht geleistet angesehen werden, als zukünftiges Zessionsmaterial für die entsprechenden Debetposten zu dienen (s. auch v. Tuhr im Bankarchiv 7 S. 277). — Die Abtretbarkeit künftiger Raten des Dienstlohnes setzt das RG. vom 21. Juni 1869, betr. die Beschlagnahme des Arbeits- oder Dienstlohnes, voraus. — ZPO. § 833 läßt eine Pfändung und damit auch eine Überweisung künftiger Gehaltsforderungen zu.

zu haben. Darnach kann für eine künftige Forderung eine sog. Höchstbetragshypothek[15]) bestellt werden. Eine Forderung, für die eine solche Sicherungshypothek besteht, kann nun, wie sich aus § 1190 Abs. 4 ergibt, auf doppelte Weise übertragen werden: entweder nach den Regeln über die Forderungsübertragung (§ 398 f.), wobei der Übergang der Hypothek ausgeschlossen ist, oder aber Forderung und Hypothek zusammen (§ 1154 Abs. 3). Eine Höchstbetragshypothek besteht nun bereits, auch wenn die Forderung, die sie sichern soll, noch nicht zur Entstehung gelangt ist. Wenn nun eine solche Hypothek nach der zweiten Möglichkeit, die ja in diesem Falle allein in Betracht kommen kann, übertragen wird, so geht auch die künftige Forderung mit über, da nach § 1153 Abs. 2 Hypothek und Forderung nur ungetrennt übertragen werden können. Damit ist die Abtretbarkeit eines künftigen Anspruches, zu dem noch nicht einmal der Grund gelegt ist, implicite ausgesprochen.

Fälle der Abtretung künftiger Ansprüche der letzten Art sind auch dem österreichischen Rechte bekannt. So erwähnt § 939 ABGB.[16]) die ordentliche Abtretung eines „gehofften" Rechtes. Ob § 1278[17]) für den Erbschaftskauf nur eine Verpflichtung des Verkäufers erzeugt oder eine Verfügung über das noch nicht erworbene Recht am Nachlaß enthält, ist streitig, doch nehmen gerade neuere Autoren eine Verfügung über das künftige Erbrecht an.[18]) Nach § 16 Abs. 2 des Gesetzes vom 26. Dezember 1895 betr. das Urheberrecht an Werken der Literatur, Kunst und Photographie[19]) kann der Urheber auch über ein bestimmtes erst zu schaffendes Werk im voraus verfügen, also das künftige Urheberrecht mit den sich daraus ergebenden Ansprüchen auch abtreten, und § 47 des Unfallversicherungsgesetzes[20]) bestimmt sogar eine gesetzliche Übertragung eines künftigen Anspruches, für dessen Entstehung zur Zeit das grundlegende Rechtsverhältnis noch nicht existiert.

---

[15]) Vgl. über Abtretbarkeit der Höchstbetragshypothek KG. vom 20. Januar 1902 in OLGRspr. 4 S. 320 und KG. vom 6. Juni 1904 in KGJ. 28 A S. 269.

[16]) § 939: „Wer auf ein gehofftes, oder wirklich angefallenes, oder zweifelhaftes Recht Verzicht tut, ohne es einem andern ordentlich abzutreten, . . . ist für keinen Geschenkgeber anzusehen."

[17]) § 1278: „Der Käufer einer von dem Verkäufer angetretenen oder ihm wenigstens angefallenen Erbschaft tritt nicht allein in die Rechte, sondern auch in die Verbindlichkeiten des Verkäufers ein . . ."

[18]) So Krainz-Pfaff-Ehrenzweig, System II § 534, v. Ohmeyer S. 155 f., 167. Es ist ferner streitig, ob es sich um einen künftigen Anspruch aus einem „werdenden" Rechte an dem zum Nachlaß gehörenden Vermögen oder um einen solchen aus einem noch nicht bestehenden Rechtsverhältnis handelt. (Für erstere Ansicht v. Ohmeyer.)

[19]) § 16 Abs. 2: „Auch hinsichtlich eines bestimmten erst zu schaffenden Werkes kann im voraus verfügt werden." — Für deutsches Recht s. Allfeld, Lit. Urheberrecht § 8 Anm. 9 S. 91, Stenglein, Strafrechtliche Nebengesetze S. 185 § 8 Nr. 3.

[20]) § 47: „Die Haftung der Bevollmächtigten oder Repräsentanten des Betriebsunternehmers, seiner Betriebs- oder Arbeitsaufseher sowie anderer Personen, welche den Unfall vorsätzlich herbeigeführt oder durch ein Verschulden veranlaßt haben, bestimmt sich nach den bestehenden gesetzlichen Vorschriften. Der aus dieser Haftung entspringende Entschädigungsanspruch steht jedoch insoweit, als die Versicherungsanstalt auf Grund dieses Gesetzes zum Schaden-

Mit diesen Fällen von Abtretungen verschiedenartiger künftiger Ansprüche aus dem deutschen und österreichischen Rechte, das aber den Begriff der Verfügung in gleicher Weise wie das unserige kennt,[21]) dürfte die Behauptung von Eccius endgültig widerlegt sein, daß eine Verfügung über einen nicht existierenden Gegenstand logisch undenkbar sei.

IV.

Ein Beweis für die Übertragbarkeit auch solcher künftiger Ansprüche, zu denen noch nicht der Grund gelegt ist, der Gruppe also, um die sich hauptsächlich der Streit dreht, kann auch daraus gewonnen werden, daß für die anderen Gruppen künftiger Ansprüche selbst von den meisten Gegnern die Zulässigkeit ihrer Zession anerkannt wird.[22]) Die Abtretbarkeit bedingter und befristeter Forderungen wird meist ohne Vorbehalt, aber meist auch ohne Begründung zugegeben.[23]) Das Gleiche gilt für solche Ansprüche, die sich aus einem bereits bestehenden Grundverhältnis durch Hinzutritt weiterer Rechtstatsachen entwickeln;[24]) sie sind abtretbar, wie die im BGB., HGB. und in der KO. erwähnten unzweifelhaften Fälle solcher Zessionen beweisen (s. oben III.). Die Abtretbarkeit wird auch für diejenigen Rechte von der Mehrzahl zugegeben, bei denen bereits ein Teil des Tatbestandes vorliegt, für die Entstehung des Vollrechtes aber noch ein Tatbestandselement fehlt.[25]) Der Unterschied zwischen diesen Gruppen und jenen künftigen Ansprüchen, zu denen noch nicht einmal der Grund gelegt ist, scheint mir kein so großer zu sein, daß er ihre Übertragbarkeit grundsätzlich ausschlösse. Bei jenen fehlt für die Entstehung in der Regel nur ein Tatbestandselement, bei diesen meist noch alle.[26]) Aber in allen Fällen ist das Recht, das

---

ersatze verpflichtet ist, allein der Versicherungsanstalt, und nur bezüglich jenes Betrages, um welchen die nach den bestehenden gesetzlichen Vorschriften gebührende Entschädigung dasjenige übersteigt, was nach diesem Gesetze von der Versicherungsanstalt als Schadenersatz zu leisten ist, dem Versicherten bzw. dessen Hinterbliebenen zu." — Vgl. v. Ohmeyer S. 169, 176 und unten S. 65. Dagegen deutsches GewUVersG. § 140.

[21]) S. v. Ohmeyer § 1, 1 S. 6 f.

[22]) Dieser Umstand wird als Beweis angeführt von Lippmann in DJZ. 9 S. 256 und von v. Tuhr in DJZ. 9 S. 428 und im Bankarchiv 7 S. 277; vgl. jetzt auch Oertmann, 3. Aufl. § 399 Nr. 1 g γ.

[23]) So von den Hauptgegnern, s. Oertmann § 399 Nr. 1 g γ, Kipp zu Windscheid II S. 392, Seuffert, ZPO. § 829 Nr. 1, Straus in DJZ. 8 S. 342, Rehbein I S. 234, II S. 381, Langheineken S. 56 scheint nur betagte und bedingt wirksame, also nur gegenwärtige, nicht fällige Ansprüche unbeschränkt für abtretbar zu halten. — Vgl. ferner Leonhard, Allg. Teil S. 195, Crome II § 198 S. 324, Biermann, Kommentar § 870 Nr. 22, Schollmeyer § 398 Nr. 2, Enneccerus I S. 767, Planck § 398 Nr. 4 d, Matthiaß I S. 451, Heuer in DJZ. 8 S. 28, Lippmann in DJZ. 9 S. 256, v. Tuhr in DJZ. 9 S. 428, OHG. 5, 5, StrArch. 9, 310; 99, 207 (Zession einer Brandentschädigungssumme, deren Zahlung vom Wiederaufbau abhängig; Aufbau durch den Zedenten oder den Zessionar oder durch beide).

[24]) Oertmann § 399 Nr. 1 g γ, Kohler, Prozeß als Rechtsverhältnis S. 85; vgl. unten § 8.

[25]) Oertmann § 399 Nr. 1 g γ und unten § 9.

[26]) v. Tuhr nimmt deshalb nur einen „quantitativen" Unterschied an.

abgetreten wird, im Augenblick des Vertragsabschlusses noch nicht vorhanden. Dabei scheint es mir nötig die Tatsache zu betonen, daß die Wahrscheinlichkeit für das Entstehen des Rechtes zur Zahl der bereits vorliegenden Tatbestandselemente in keinem direkten Verhältnis steht. Bei einem bedingten Vertrag liegen die meisten Elemente jetzt schon vor, aber gerade bei einer Potestativbedingung, wenn also ihr Eintritt lediglich von dem Willen des Zedenten abhängig ist, kann die Entstehung des Anspruches am ungewissesten sein. Auch bei den sekundären Ansprüchen aus einem bestehenden Grundverhältnis ist der ausschlaggebende Faktor für ihre Entstehung meist der Wille des Zedenten; er kann z. B. sich bemühen als Beauftragter keine Auslagen zu machen oder kurzer Hand das Vertragsverhältnis kündigen. Bei einem Anspruch, für dessen Entstehen gegenwärtig das grundlegende Rechtsverhältnis noch fehlt, hängt der Abschluß des Vertrages schließlich auch nur vom Willen des Zedenten ab; einen Schuldner, der z. B. ein Darlehen von ihm anzunehmen bereit ist, wird er wohl immer finden. Was die Gegner besonders dazu bewegt sich gegen die Abtretbarkeit solcher künftiger Ansprüche zu erklären, ist neben der irrtümlichen Ansicht, daß ihr Entstehen am wenigsten wahrscheinlich sei, das Moment des Unbestimmten und die sich daraus leicht ergebenden sozialen Gefahren.[27]) Wenn wir aber bei grundsätzlicher Anerkennung der Abtretbarkeit solcher künftiger Ansprüche für ihre Rechtswirksamkeit verlangen — und dies mit allem Nachdruck —, daß die Identität des künftigen Anspruchs mit dem jetzt schon abgetretenen unzweifelhaft bestimmt ist, so sehe ich keinen Grund, warum gerade diese Gruppe künftiger Ansprüche nicht abtretbar sein soll, wenn man die Zulässigkeit für die anderen Gruppen zugibt. Oertmann[28]) bezweifelt allerdings, ob sich dies Erfordernis erfüllen lasse, doch glaube ich, daß es in vielen Fällen, die das praktische Leben bietet, möglich ist.

V.

Während die Gegner als einen Hauptgrund gegen die Abtretbarkeit künftiger Ansprüche die dadurch erwachsenden sozialen Gefahren anführen, fordert die andere Partei ihre Abtretbarkeit gerade aus Verkehrsrücksichten.[29]) Im jetzigen Zeitalter der Kreditwirtschaft muß der Verkehr nicht nur mit den gegenwärtig schon vorhandenen, sondern auch mit zukünftigen, mit größerer oder geringerer Wahrscheinlichkeit entstehenden Werten rechnen. Der Kredit mit seinen verschiedenen Institutionen, insbesondere

---

Mathematisch betrachtet mag sich dagegen nichts einwenden lassen; ob aber auch vom juristischen Standpunkt aus, erscheint mir recht zweifelhaft.

[27]) S. besonders Oertmann, 2. Aufl. § 399 Nr. 1 g γ, Rehbein II S. 381.

[28]) Anders die 3. Aufl.

[29]) So Staub (nach Eccius in DJZ. 9 S. 54), Lippmann in DJZ. 9 S. 257 f., Grünebaum im Recht 13 S. 660 f., jetzt auch Oertmann, 3. Aufl. § 399 Nr. 1 g γ. OLG. Hamburg vom 1. November 1901, RG. vom 29. September 1903, OLG. Hamburg vom 18. März 1905, OLG. Jena vom 29. Oktober 1906: Der Senat ist für Abtretbarkeit künftiger Ansprüche, „weil er die Bedürfnisse des Verkehrs, die die Zulässigkeit solcher Abtretungen fordern,

der Scheck-, der Clearing-, der Kontokorrent- und der Wechselverkehr, dann das weite, allzu weite Gebiet der Spekulationen, sie alle ziehen schon jetzt in niederem oder höherem Grade zukünftige Güter in das Wirtschaftsleben der Gegenwart herein. Es wäre ein bedenklicher Rückschritt, wenn bei solcher Lage unseres Verkehres das BGB. gegenüber dem gemeinen Rechte Verfügungen über künftige Ansprüche, die zu Deckungsgeschäften eine große Rolle spielen, nicht mehr zuließe. Jedenfalls dürfte man erwarten, daß diese Änderung, wenn sie die Kommissionen aus irgend einem Grunde gewollt hätten, schon in Rücksicht auf ihre wirtschaftliche Bedeutung in den Materialien begründet wäre.

Eccius gibt zwei Wege an, auf denen sich der gleiche Erfolg erreichen lassen soll und durch die deshalb das Bedürfnis nach solchen Vorauszessionen beseitigt werde. Für jene häufigen Fälle, in denen ein Unternehmer sich zur Ausführung eines bedeutenderen Werk- oder Lieferungvertrages an eine Kreditanstalt wendet, rät er einen Vertrag zugunsten eines Dritten nach § 328 f. an. Allein mit diesem Vorschlage dürfte dem Unternehmer wenig gedient sein. Für ihn kommt es doch darauf an, daß sein Vertragsgegner nicht erfährt, in welchem Maße er Kredit in Anspruch nehmen muß. Sonst würde der Abschluß solcher Verträge unter Umständen gerade unternehmungslustigen und strebsamen Unternehmern, die aber selbst über kein großes Betriebskapital verfügen, sehr erschwert. Einen Verstoß gegen Treu und Glauben kann man der Regel nach in einem solchen Geheimhalten seiner eigenen Mittel nicht finden, wenn der Unternehmer sonst keinen Grund hat seiner Leistungsfähigkeit zu mißtrauen.

Der zweite Weg, den Eccius vorschlägt, ist der, daß vor Entstehung des Anspruches durch Vertrag zwischen dem Unternehmer und der Kreditanstalt ausgemacht wird, daß in einem bestimmten geschäftlichen Vorkommnis zwischen ihnen nach der Entstehung des Anspruches, z. B. in der Auszahlung und Entgegennahme eines Darlehens, zugleich die Abtretung der dem Unternehmer gegen den Besteller zustehenden Ansprüche liegen soll. Daß eine solche Verabredung, wie sie Eccius anrät, wirksam wäre, unterliegt, da ja die Zession formlos ist, keinem Zweifel — vorausgesetzt, daß man Abtretungen künftiger Ansprüche für zulässig hält; denn dieser ganze Vertrag enthielte doch nichts anderes als eine — allerdings bedingte — Abtretung künftiger Ansprüche. Wenn das Gesetz die Abtretung künftiger Ansprüche verboten hätte, könnte man sich überlegen, ob man vielleicht auf diesem Wege das Gesetz umgehen könne.

Die beiden von Eccius vorgeschlagenen Wege sind also nicht geeignet das dringende Bedürfnis des Verkehrs nach der Abtretbarkeit

für überwiegend hält und meint, daß der gewiß mögliche Mißbrauch dieses Rechtsgeschäfts durch faule Schuldner eher ertragen werden kann als die Unterdrückung der Interessen redlicher Personen, die in ihren künftigen Forderungen den einzigen Vermögenswert besitzen, mit dem sie das ihre persönliche Leistungsfähigkeit befruchtende Kapital im Wege des Kredits flüssig machen können". Vgl. auch Gaupp-Stein, ZPO. § 829 Nr. I 1 a „Der wirtschaftliche Grund für die Abtretung künftiger Forderungen: es wird für künftigen Kredit mit künftigem Vermögen Sicherheit geleistet." — Dagegen Eccius in DJZ. 9 S. 54–56.

künftiger Ansprüche auf eine andere Weise als durch eine antizipative Verfügung über den Anspruch zu befriedigen.

VI.

Das BGB. selbst erkennt künftige Rechte bereits als Gegenstände des Rechtsverkehrs an. Nach den §§ 765, 1113, 1204 kann eine Bürgschaft, eine Hypothek und ein Pfandrecht auch für eine künftige Forderung rechtswirksam bestellt werden. Unter künftigen Forderungen sind hier auch solche zu verstehen, für die das grundlegende Rechtsverhältnis noch nicht besteht.[30] Es erhebt sich nun die Frage, ob man durch das Fehlen einer entsprechenden Bestimmung bei § 398 zu einem argumentum a contrario gezwungen ist oder ob man aus jenen Bestimmungen ein argumentum a fortiori gewinnen kann.[31]) Ich halte das Letztere für richtig.

Daß man aus jenen Bestimmungen keinen Umkehrschluß für die Abtretung einer künftigen Forderung ziehen darf, ergibt sich schon aus der Entstehungsgeschichte jener Paragraphen. Sie finden sich, wenn auch mit geringfügigen Änderungen in der Fassung, bereits im I. Entwurf (§§ 669, 1062 Abs. 2, 1145 Abs. 2). Von § 1062 abgesehen, wurde bei jeder dieser Bestimmungen in der zweiten Kommission der Antrag auf Streichung, bzw. auf Abänderung gestellt, allein man behielt sie bei, um Zweifel über die Zulässigkeit solcher Sicherungsgeschäfte für zukünftige Forderungen, die sich hier aus deren akzessorischem Charakter ergeben könnten, durch eine positive Bestimmung fernzuhalten.[32]) Bei den Pfandrechten suchte man besonders die im gemeinen Recht vielumstrittene Frage zu entscheiden,[33]) nach welchem Zeitpunkt sich der Rang eines Pfandrechtes für eine zukünftige Forderung bestimme.[34]) Eine solche positive Bestimmung konnten, wie bereits oben ausgeführt, die Kommissionen bei der Abtretung künftiger Ansprüche für überflüssig

---

[30]) So Windscheid-Kipp I S. 1134, Dernburg, Pand. I, 2 S. 278, Staudinger § 765 Nr. 6 a β, § 1113 Nr. 5 b α, § 1190 Nr. 2 a, Fischer-Henle § 1113 Nr. 10, Maenner S. 466, Zulässigkeit der Bürgschaft zugunsten eines von dem Dritten erst zu ermittelnden Darlehensgebers RGE. 11 S. 248, JW. 1898 S. 517. RGE. 57 S. 66, RGE. 62 S. 382. — Vgl. aber auch Eccius, Verbürgung für eine künftige Schuld und Kreditmandat bei Gruchot 46 S. 35 und Eccius, Fahrnispfand für künftige Forderungen bei Gruchot 50 S. 500. — Übrigens war auch für das bayrische Recht nach dem Hypothekengesetz vom 1. Juni 1822 die Zulässigkeit einer Hypothekenbestellung für künftige Ansprüche aus noch nicht bestehenden Rechtsverhältnissen unbestritten. Vgl. Regelsberger, Bayr. Hyp.-Recht I S. 188.

[31]) Für Analogieschluß Lippmann in DJZ. 9 S. 256 und Grünebaum in DJZ. 10 S. 801 und im Recht 13 S. 664; a. A. Oertmann, 2. Aufl. § 399 Nr. 1 g γ (vgl. dagegen 3 Aufl.), Langheineken S. 55, Hellmann, Konkursrecht S. 138 Anm. 3.

[32]) Prot. II S. 464.

[33]) Mot. III S. 805, Prot. III S. 452.

[34]) S. für das gemeine Recht oben § 2. — Nach BGB. bestimmt sich der Rang einer Hypothek für eine künftige Forderung nach dem Zeitpunkt der Eintragung der Hypothek (§ 879), wenn auch ein materielles Hypothekenrecht der eingetragene Gläubiger erst mit der Entstehung der Forderung erlangt; bis dahin besteht sie zugunsten des Eigentümers. Das Pfandrecht für eine künftige

halten, da über deren Abtretbarkeit im gemeinen Recht kein Streit herrschte und da bei der Zession keine solchen Bedenken wie bei jenen Sicherungsgeschäften aus ihrem akzessorischen Charakter zu befürchten waren.

Die Berechtigung eines Analogieschlusses ergibt sich auch aus der Natur jener Vorschriften. Das BGB. hat damit künftige Forderungen als Gegenstände des Rechtsverkehrs anerkannt. Damit ist aber doch indirekt zugegeben, daß über sie auch in anderer Weise verfügt werden kann. Die Zulässigkeit einer Abtretung ergibt sich besonders noch aus der S. 31 f. angeführten Erwägung.

VII.

Schließlich sind noch einige Punkte zu berühren, die Heuer[35]) als Beweise für die Abtretbarkeit künftiger Ansprüche anführt.

Zunächst beruft sich Heuer auf die §§ 308 und 437 BGB. Ein Abtretungsvertrag über künftige Ansprüche werde immer für den Fall geschlossen, daß der Anspruch zur Entstehung komme, daß also die Leistung, d. h. die Abtretung, dem Zessionar möglich werde. Nach § 437 wird dem Verkäufer einer Forderung oder eines sonstigen Rechtes die Haftung für den rechtlichen Bestand der Forderung oder des Rechtes auferlegt. Dieser Paragraph verlangt somit wohl das Bestehen des Anspruches, setzt es aber für die Gültigkeit des Vertrages nicht voraus. Der Kaufvertrag über ein nicht bestehendes Recht ist also nicht nichtig, sondern erzeugt nur eine Schadensersatzpflicht. Dann könne auch, schließt Heuer, die Zession jetzt noch nicht bestehender, aber möglicherweise zukünftig entstehender Ansprüche nicht nichtig sein.

Mir scheinen diese Folgerungen Heuers nicht stichhaltig, ja die letztere sogar fehlerhaft zu sein. Heuer beachtet nicht den Unterschied zwischen dem Kausalgeschäft und dem abstrakten Zessionsvertrag. Wenn der Kaufvertrag über ein nicht bestehendes Recht gültig ist, so kann man daraus nur folgern, daß der Kaufvertrag über ein möglicherweise zukünftig entstehendes Recht auch gültig ist. Die Zulässigkeit von Verpflichtungsgeschäften über künftige Ansprüche wird aber gar nicht bestritten.[36]) Heuer macht aber einen unstatthaften Gedankensprung, wenn er aus der Gültigkeit eines Verpflichtungsgeschäftes über nicht bestehende Rechte die Gültigkeit auch eines Verfügungsgeschäftes über nicht bestehende Rechte folgern will; denn § 437 bezieht sich jedenfalls nicht auf den Abtretungsvertrag, sondern lediglich auf den der Abtretung zugrunde liegenden Kaufvertrag.

Forderung existiert bereits vor der Entstehung der Forderung, aber nur unvollkommen, es besteht nur eine dingliche Sicherheit sich nach Entstehung der Forderung aus der Sache befriedigen zu können, aber ein präsentes Befriedigungsrecht ist vor deren Entstehung nicht vorhanden. Der Rang eines Pfandrechtes ist positiv geregelt durch § 1209. — Vgl. Staudinger § 1113 Nr. 5 b, Kipp zu Windscheid I S. 1134, 1136 f., RGE. 51 S. 43 f.

[35]) In DJZ. 8 S. 29; dagegen mit Recht Straus in DJZ. 8 S. 342, der aber in der Abtretung einen dinglichen Vertrag sieht.

[36]) S. S. 3 Anm. 16, ferner Dernburg II, 2 § 169 S. 9.

Diese Erwägung gilt wohl auch für § 308. Nach meiner Ansicht finden die §§ 305 f. keine Anwendung auf den Abtretungsvertrag.[37]) Sie beziehen sich nur auf Schuldverhältnisse aus Verträgen. Der Abtretungsvertrag erzeugt aber kein Schuldverhältnis, sondern er ist die Erfüllung eines bereits bestehenden, für ihn kausalen Schuldverhältnisses. Ist die Erfüllung dieses Schuldverhältnisses unmöglich oder mit Mängeln behaftet, so bestimmt sich die Gewährleistungspflicht nach diesem kausalen vertraglichen Schuldverhältnis, z. B. Kauf, Schenkung,[38]) und nur insoweit, als für dieses eine besondere Vorschrift nicht besteht, kommen die allgemeinen Bestimmungen der §§ 305 f. für die Gewährleistungspflicht aus dem Kausalgeschäft in Betracht.

Auch in der Möglichkeit der Übertragung von Vermögensganzen[39]) sieht Heuer einen Beweis für die Abtretbarkeit künftiger Ansprüche. Wenn durch bloßen Vertrag sämtliche zu dem Vermögen gehörende, auch unbekannte[40]) Forderungen abgetreten werden können, so müßten auch „zukünftige, nach dem derzeitigen Stande des Vermögens nur in Aussicht stehende“ zu diesen unbekannten gerechnet werden. Ich kann nicht einsehen, woraus sich diese Folgerung ergeben soll. Daß zwischen einer bestehenden, nur unbekannten Forderung und einer zukünftig möglicherweise entstehenden ein Unterschied ist und sie deshalb nicht gleich behandelt werden dürfen, ist doch klar. Sollte aber Heuer hier nicht solche künftige Ansprüche verstehen, für die noch nicht der Grund gelegt ist, so kann es sich nur entweder um bedingte oder um solche künftige Ansprüche handeln, die sich aus dem Eigentum an einer zu dem übertragenen Vermögen gehörenden Sache oder aus der Verfügungsmacht über ein derartiges Recht ergeben. Über die Abtretbarkeit der bedingten Ansprüche herrscht kein Streit.[41]) Von der Abtretbarkeit der zweiten Gruppe kann nicht die Rede sein; denn wenn sie erst nach dem Übergang des Vermögens entstehen, so gelangen sie nicht mehr in der

---

[37]) Ebenso OLG. Braunschweig vom 18. September 1903; a. A. OLG. Hamburg vom 1. November 1901 und scheinbar auch Rehbein § 398 Nr. 7 S. 382.

[38]) Vgl. z. B. §§ 437, 445, 365, 515, 757, 2042. (Für den Fall der Forderungsabtretung erfüllungshalber vgl. JW. 1907 S. 137).

[39]) Vgl. BGB. § 2033, HGB. § 25 Abs. 1 Satz 2. Ein Übergang des Vermögens als Ganzes tritt auch ein in den Fällen der Gesamtrechtsnachfolge, also bei der Erbfolge beim Tode einer physischen Person (§§ 1922, 1942); dem Tode steht die Todeserklärung gleich (§ 18, vgl. § 2031), beim Anfall des Vermögens einer juristischen Person an die Anfallsberechtigten, wenn ein Verein aufgelöst oder ihm die Rechtsfähigkeit entzogen wird und wenn eine Stiftung erlischt (§§ 45, 88, Art. 85, HGB. §§ 304 Abs. 5, 305, 306) und bei dem durch die Vereinbarung allgemeiner Gütergemeinschaft unter den Ehegatten erzeugten Gesamthandsverhältnis (§§ 1437 f., bes. § 1459; über § 1438 vgl. oben S. 18) einschließlich der Fortsetzung dieses Verhältnisses (§ 1483), dagegen nicht gehören hierher die vertragsmäßige Vermögensübertragung unter Lebenden (§§ 309, 310, 419), der Erbschaftskauf (§ 2371 f.), die größtenteils der Landesgesetzgebung überlassenen Gutsübergabe-, Leibgedings- usw. Verträge (Art. 96) und der Eintritt in einen Bettelorden. — Heuer rechnet hierher auch den Erbschaftskauf, unterscheidet also auch hier nicht zwischen Verpflichtung und Verfügung.

[40]) S. E. I § 313, Prot. I S. 405.

[41]) S. S. 33 Anm. 23.

Person des Abtretenden, sondern bereits in der des Erwerbers zur Entstehung. Solche künftigen Ansprüche, für deren Entstehung noch das grundlegende Rechtsverhältnis fehlt, sind dagegen nicht Teil eines gegenwärtigen Vermögens. Daß aber ein künftiges Vermögen nicht dinglich übertragen werden kann, ergibt sich a fortiori aus § 310, der schon eine solche Verpflichtung für nichtig erklärt.

Die von Heuer angeführten Punkte lassen sich also nach meiner Ansicht nicht als Beweise für unsere Frage verwenden.

§ 6.

Ergebnis und Einschränkungen.

In den beiden vorhergehenden Paragraphen wurden die Gründe für und gegen die Abtretbarkeit künftiger Ansprüche einer Prüfung unterzogen. Es wurde zunächst darzulegen versucht, daß die Einwände gegen deren Abtretbarkeit, die sich auf die Rechtsnatur der Abtretung als einer Verfügung, auf den Wortlaut des Gesetzes, auf die Bestimmung des § 400 BGB., auf den Charakter der Abtretung als einer Sonderrechtsnachfolge und auf soziale Erwägungen stützen, nicht durchschlagend sind. Dagegen konnten das Verhältnis des BGB. in dieser Frage zum gemeinen Recht, die Analogie des § 185 Abs. 2, die in Gesetzen vorkommenden Fälle von Abtretungen künftiger Ansprüche, die Zulässigkeit der Abtretung bedingter, befristeter Ansprüche und künftiger aus bestehendem oder „werdendem" Rechtsverhältnis, das Bedürfnis des Verkehrs, die im BGB. erfolgte Anerkennung künftiger Rechte als Gegenstände des Rechtsverkehrs als gewichtige Gründe für die Zulässigkeit solcher Abtretungen angeführt werden. Für die Theorie behaupten wir daher die Abtretbarkeit künftiger Ansprüche; lediglich aus dem Grunde, daß der abgetretene Anspruch künftig erst zur Entstehung kommt, ist seine Abtretung nicht unzulässig.

Es fragt sich aber, ob nicht aus anderen rechtlichen Gesichtspunkten die — theoretisch zulässige — Abtretbarkeit künftiger Ansprüche für die Praxis ausgeschlossen wird. Eine dreifache Einschränkung ist hier zu machen.

Zunächst ist die Abtretung eines künftigen Anspruches dann unzulässig, wenn für seine Abtretung eine bestimmte Form vom Gesetze verlangt wird, der jetzt noch nicht genügt werden kann. Es scheiden daher alle künftigen Ansprüche im Grundbuchverkehr aus, wie oben[1]) bereits hervorgehoben wurde.

Unzulässig ist ferner die Abtretung sämtlicher Ansprüche, welche dem Abtretenden künftig erwachsen werden.[2]) Dies ergibt sich aus den §§ 310 und 138 BGB. Allerdings läßt sich § 310 nicht un-

---

[1]) S. S. 19.

[2]) Ebenso Staudinger § 398 Nr. 1 a α, Planck § 398 Nr. 4 e, Fischer-Henle § 310 Nr. 1, § 138 Nr. 1, v. Tuhr in DJZ. 9 S. 429 und im Bankarchiv 7 S. 278, Rehbein § 398 Nr. 7 S. 382, RG. vom 1. Oktober 1907. A. A. bei einer fiduziarischen Zession v. Tuhr im Bankarchiv 7 S. 278 f. Vgl. auch Allfeld, Lit. Urheberrecht § 8 Anm. 9 S. 91.

mittelbar anwenden. Er bezieht sich nur auf obligatorische Verträge. Aber daraus kann für Verfügungsverträge ein argumentum a fortiori gewonnen werden: denn sonst könnte der Zweck des § 310, der doch eine sozialpolitische Schutzbestimmung sein soll, leicht vereitelt werden. Ferner ist die Summe der künftigen Ansprüche nicht das künftige Vermögen oder ein Bruchteil eines solchen, sondern ein Bestandteil desselben, allerdings vielleicht ein recht erheblicher; das Vermögen[3]) umfaßt außer den Ansprüchen auch die dinglichen Rechte, die man nicht in eine unbegrenzt große Summe von Ansprüchen zersplittern darf.[4]) Wenn aber die Motive[5]) zur Begründung des § 310 anführen, es verstoße gegen die öffentliche Ordnung, daß jemand sich gewissermaßen seiner Erwerbsfähigkeit begebe und damit zugleich allen Antrieb zum Erwerb verliere, so dürfte in Verfolgung des in § 310 enthaltenen Grundsatzes auch die Abtretung sämtlicher zukünftiger Ansprüche unzulässig sein. Zweifellos ergibt sich die Unzulässigkeit einer derartigen Abtretung aus § 138.

Die wichtigste Einschränkung der Abtretbarkeit künftiger Ansprüche ergibt sich aber aus dem Erfordernis der Bestimmtheit des abgetretenen Anspruches.[6]) Dieses muß wegen § 138 BGB. verlangt werden. Wollte man von diesem Erfordernis absehen und ganz unbestimmte künftige Ansprüche für abtretbar erklären, so bedeutete dies eine große Gefahr für die eine oder andere Partei und es wäre den wildesten Spekulationen Tür und Tor geöffnet. Ein solches Rechtsgeschäft würde daher gegen die guten Sitten verstoßen, wäre also nach § 138 Abs. 1 nichtig. Erst durch dieses Erfordernis werden auch die einem Verkehrsbedürfnis entspringenden Vorausverfügungen über künftige Rechte von phantastischen Spekulationsgeschäften abgegrenzt. Wenn wir die Abtretbarkeit künftiger Ansprüche verteidigen, so wird es durch dieses Erfordernis ausgeschlossen, daß durch deren Zulässigkeit bedenklichen Geschäften Vorschub geleistet wird.

---

[3]) Auf die Streitfrage über den Inhalt des Vermögensbegriffes braucht hier nicht eingegangen zu werden; vgl. besonders Oertmann, Allg. Teil I S. 144 f., Komm. I S. 242 f., Binder, Stellung des Erben I S. 7 f., ZHR. 59 S. 37 f., Martin, Haftung des Erben S. 4 f.

[4]) Ebenso Oertmann, Allg. Teil II S. 135, Komm. I S. 581 (vgl. aber auch IheringsJ. 31 S. 456 f.), Kohler, Moderne Rechtsprobleme § 40, Crome I S. 179, Dernburg I § 18 S. 51, Endemann II § 3 Anm. 9 S. 11, Enneccerus I S. 310, Hölder bei Busch 29 S. 56 und ArchZivPrax. 93 S. 38, Kipp zu Windscheid I § 43 Anm. 3, Planck I Vorbem. VII S. 48, § 12 S. 67 Nr. 7. — A. A. Windscheid I § 43 S. 184, Cosack I S. 255, Hellwig, Anspruch und Klagerecht S. 4, 25, 26, Langheineken S. 9 und Urteilsanspruch S. 122.

[5]) II S. 186.

[6]) Ebenso Achilles-Greiff § 398 Nr. 1, Heuer in DJZ. 8 S. 29, v. Tuhr in DJZ. 9 S. 429 und im Bankarchiv 7 S. 278, Grünebaum in DJZ. 10 S. 802, Kohler, Lehrbuch II, 1 § 58 S. 157, v. Ohmeyer S. 174 f., Exner, (österreich.) Hyp.-Recht I S. 131 f. (in der 3. Aufl. auch Oertmann § 399 Nr. 1 g γ), RG. vom 26. April 1904 und 1. Oktober 1907, OLG. Hamburg vom 1. November 1901, OLG. Braunschweig vom 18. September 1903, OLG. Jena vom 29. Oktober 1906, OLG. Hamburg vom 6. Oktober 1908; vgl. auch Rehbein § 398 Nr. 7 S. 382, der aber den Kreis der bestimmten Forderungen viel enger zieht; dagegen vgl. Staudinger § 398 Nr. 1 a α.

Wann ist nun ein künftiger Anspruch so bestimmt, daß er als Übertragungsobjekt in Betracht kommen kann? Jedenfalls muß er so bestimmt sein, daß kein Zweifel darüber herrschen kann, mit welchem künftig entstehenden Anspruch der jetzt abgetretene identisch ist.[7]) Wenn man nun nach Stellen sucht, an denen das Gesetz die Erfordernisse für die Bestimmtheit eines Anspruches aufstellt, so ist zunächst ZPO. § 253 zu berücksichtigen. Hier werden die Voraussetzungen einer Klageschrift und, da diese den eingeklagten Anspruch enthalten muß, auch die Erfordernisse für die Präzisierung eines Anspruches aufgezählt. Man muß aber unter diesen unterscheiden zwischen denen, die begrifflich notwendig sind, und denen, die nur durch positiven Rechtssatz gefordert werden. Für die Herbeiführung dieser Unterscheidung bieten ZPO. § 996 und KO. § 139 eine Hilfe. Die erstere Bestimmung verlangt „Angabe des Gegenstandes und des Grundes", die letztere „Angabe des Betrages und des Grundes". Die Verschiedenheit des Ausdruckes erklärt sich offenbar daraus, daß beim Konkurs nur eine geldwerte Leistung in Betracht kommt (KO. § 3 Abs. 1). Unter dem vieldeutigen Ausdruck „Gegenstand"[8]) ist die beanspruchte Leistung zu verstehen, was im römischen Zivilprozeß mit intentio bezeichnet wurde. Die Angabe der Parteien brauchten diese Paragraphen nicht zu fordern, da sie ja in den fraglichen Fällen immer zweifellos sich ergeben. Das Gesetz verlangt also für die Präzisierung eines Anspruches Angabe des Gläubigers und Schuldners, des Rechtsgrundes und des Gegenstandes. Für den Fall der Abtretung eines künftigen Anspruches ist nun die Angabe des Gegenstandes nicht notwendig. Sie ist für die besonderen Zwecke, um die es sich in den beiden genannten Paragraphen handelt, unentbehrlich, nicht aber zur Bestimmung eines künftig erst entstehenden Anspruches. Aus den beiden anderen Bestimmungselementen läßt sich die juristische Physiognomie eines Anspruches fixieren, nämlich aus der Bezeichnung der Subjekte, zwischen denen, und des Rechtsgrundes, aus dem er entstehen soll.[9]) Dabei ist es nicht notwendig, daß die Person des Schuldners jetzt schon endgültig bestimmt ist; es genügt, wenn, ähnlich wie bei der römischen actio in rem scripta, ein bestimmtes Verhältnis, ein bestimmter Zustand angegeben wird, durch den sich später die Person des Schuldners in unzweideutiger Weise feststellen wird.[10]) Sind die genannten beiden Elemente gegeben, so bestimmt sich aus ihnen später auch der Gegenstand des Anspruches.

---

[7]) Vgl. Motive III S. 798 (zu § 1204 Abs. 2): „Das Erfordernis bleibt selbstverständlich, daß die Forderung auf eine solche Weise bezeichnet ist, welche schließlich auf eine bestimmte Forderung hinleitet."

[8]) Vgl. Windscheid-Kipp II § 252 Anm. 1, Oertmann, Komm. II S. 5, Langheineken S. 124 f.

[9]) Exner, Hyp.-Recht I § 20 S. 131: „Es müssen die Subjekte, zwischen denen, und die Kausa, aus welcher sie entstehen soll, bekannt sein. Mehr ist nicht erforderlich, um die juristische Physiognomie einer Obligation zu fixieren, namentlich nicht, daß auch ihr Inhalt nach Quantität oder Qualität feststehe."

[10]) Vgl. Dernburg II, 1 § 135 S. 345, RG. vom 3. Juni 1904 bei Gruchot 48 S. 891.

Im folgenden Kapitel sollen nun die einzelnen Arten künftiger Ansprüche besprochen und insbesondere daraufhin untersucht werden, inwieweit sie diesen Erfordernissen genügen.

Kapitel III.

Die einzelnen Arten künftiger Ansprüche.

§ 7.

Überblick.

Die Wahrnehmung, daß unter der Bezeichnung „künftiger Ansprüche" ganz verschiedene Arten von Ansprüchen zusammengefaßt werden, haben bereits mehere Schriftsteller gemacht. Sie haben daher entweder den Begriff des künftigen Anspruches bedeutend enger gefaßt[1]) oder sie haben die künftigen Ansprüche in mehrere Gruppen abgeteilt.

Die erste Andeutung einer Unterscheidung findet sich bei Brinz[2]) bei der Frage der Pfandbestellung für künftige Forderungen. Er scheidet von den bedingten und betagten[3]) Forderungen diejenigen aus, die sich „innerhalb eines Kontraktes entwickeln können, die möglicherweise auch ausbleiben, z. B. innerhalb des Darlehens die Zinsobligation".

Auf diesem Gedanken hat Regelsberger[4]) weiter gebaut. Er stellt in Gegensatz zu der bedingten und betagten Forderung die zukünftige als diejenige „künftig mögliche Forderung, welche sich von der betagten durch die Ungewißheit ihrer Entstehung und von der bedingten dadurch unterscheidet, daß ihr noch der gesamte Entstehungstatbestand fehlt, nicht bloß der Eintritt eines durch Parteiwillkür festgesetzten Umstandes. Je nach den Rechtsverhältnissen, aus denen der Anspruch in Zukunft entstehen soll, ist dann wieder zu unterscheiden zwischen künftigen Ansprüchen aus einem selbst nur als möglich vorausgesetzten Rechtsverhältnis (z. B. aus einem zu begründenden Darlehen, aus etwaigen Wildschaden) und solchen aus einem jetzt schon vorhandenen Rechtsverhältnis, das mit oder ohne Zutun der darin stehenden Personen Quelle von Ansprüchen werden kann (z. B. Kauf, Pacht und Miete, vermögensrechtliche Gesellschaft, Übernahme eines verdungenen Werkes, Zinsverpflichtung aus einem auf unbestimmte Zeit gegebenen Darlehen, Krediteröffnung, Nießbrauch, Dotalverhältnis, Vormundschaft, Führung eines obrigkeitlichen Amtes)."

---

[1]) So sieht Windscheid (I § 225 Anm. 6) nur die Ansprüche, zu denen noch nicht der Grund gelegt ist, Hölder (in DJZ. 14 S. 553) nur die Ansprüche aus „werdenden" und nicht bestehenden Rechtsverhältnissen als künftige an.

[2]) Pand. I § 78 S. 294 f.

[3]) Brinz (ebenso unten Regelsberger, v. Tuhr) meint jedenfalls befristete Ansprüche; denn „betagte" Ansprüche im engeren Sinne sind gegenwärtige.

[4]) Altersvorzug der Pfandrechte § 11, Studien S. 4 f., bayr. Hyp.-Recht I S. 187 f.

Für das Recht des BGB. hat v. Tuhr[5]) die erste Einteilung gegeben. Er unterscheidet drei Arten künftiger Ansprüche. Als erste Gruppe führt er die bedingten und betagten Ansprüche an, bei denen durch willkürliche Verabredung der Parteien noch eine zur Entstehung erforderliche Tatsache fehlt. Dann diejenigen, bei denen das Rechtsverhältnis schon begründet ist, für deren Entstehung aber noch eine oder mehrere Tatsachen hinzukommen müssen. v. Tuhr führt als Beispiele für diese Kategorie an: Zinsansprüche aus Darlehen, Ansprüche auf Herausgabe und Aufwendungsersatz aus Miete, Dienstvertrag, Mandat, die einzelnen Raten des Mietzinses und Dienstlohnes, der Anspruch auf Auszahlung gewisser Beträge bei der Auseinandersetzung einer Gesellschaft. Die dritte Gruppe bilden diejenigen künftigen Ansprüche, welche Windscheid ausschließlich als solche bezeichnet, also diejenigen, für die auch das grundlegende Rechtsverhältnis gegenwärtig noch nicht besteht. — Diese Einteilung scheint mir nicht bedenkenfrei. Zunächst ist sie nicht vollständig; sie berührt nicht alle Erscheinungsformen, die man als künftige Ansprüche bezeichnen kann. Dann erscheint mir die Charakterisierung der ersten beiden Gruppen nicht sehr glücklich.

Von diesen Mängeln frei ist die Einteilung Oertmanns.[6]) Er faßt in der ersten Gruppe diejenigen Ansprüche zusammen, „für die bereits in bindender Weise der Grund gelegt ist, auch wenn zur wirklichen Entstehung noch ein weiteres Tatbestandsmoment hinzukommen muß". Zu dieser Kategorie zählt Oertmann die bedingten Ansprüche, ferner die Ansprüche aus der Ausübung eines vorhandenen Anfechtungs-, Rücktritts-, Vorkaufs-, und Wiederkaufsrechtes. Die zweite Gruppe, die Oertmann unterscheidet, dürfte sich mit der zweiten nach der Einteilung v. Tuhrs decken, wird aber von ihm präziser bezeichnet; es sind die sekundären Ansprüche, die sich aus einem bereits vorhandenen primären Schuldverhältnis entwickeln. Die dritte Gruppe endlich umfaßt, ebenso wie bei v. Tuhr, die Ansprüche aus künftigen, noch nicht bestehenden Rechtsverhältnissen.

Für das österreichische Recht stellt v. Ohmeyer[7]) eine Einteilung auf, die vor allem durch Vollständigkeit ausgezeichnet ist. Er unterscheidet vier Arten von künftigen Rechten:

1. solche, die an Stelle gegenwärtiger Rechte treten,
2. solche aus bestehendem Grundverhältnis,
3. werdende (unfertige) Rechte,
4. gehoffte Rechte.

Bedingte und befristete Rechte zählt v. Ohmeyer nicht zu den künftigen. — Die erste von ihm angeführte Gruppe scheint mir entbehrlich. Die von ihm hierunter besprochenen Fälle sind teilweise Rechte, die sich sekundär aus einem bestehenden Grundverhältnis ent-

---

[5]) In DJZ. 9 S. 428 und Bankarchiv 7 S. 277. Dagegen Brückmann a. a. O. S. 261.

[6]) Komm. § 399 Nr. 1 g γ. In der 3. Aufl. zählt Oertmann zu der ersten Gruppe auch solche bedingte Ansprüche, zu deren Entstehung nur noch der Eintritt einer sog. Rechtsbedingung hinzutreten muß.

[7]) v. Ohmeyer S. 27, 73, 146, 163.

wickeln; ein anderer Teil der Fälle kommt für die Frage der Abtretbarkeit überhaupt nicht in Betracht, sondern nur für die Frage nach der Möglichkeit ihrer Belastung.

Schließlich sei auch die Unterscheidung von Kohler[8]) erwähnt. Er stellt den zukünftigen Ansprüchen die „latenten" gegenüber, aber ohne diese letzteren näher zu charakterisieren. Er führt nur ein Beispiel an: die rei vindicatio einer zukünftigen Sache sei ein zukünftiger Anspruch, dagegen sei die Vindikationszession einer bestehenden Sache, die sich zur Zeit in niemands Besitz befinde, ein latenter Anspruch. Diese Unterscheidung scheint mir nicht verwendbar, da sie sich ohne große Willkürlichkeiten nicht durchführen läßt. Mit dem gleichen Rechte, meint v. Tuhr, könne man die Mietzinsen aus einem noch nicht vermieteten Hause als latente Ansprüche bezeichnen.

Mir erscheint diejenige Einteilung der künftigen Ansprüche die natürlichste, die von der Anzahl der noch fehlenden, für die Entstehung erforderlichen Tatbestandselemente ausgeht. Nach diesem Prinzip ergeben sich folgende drei Gruppen:

1. künftige Ansprüche, bei denen das grundlegende Rechtsverhältnis bereits vollständig vorliegt und nur für die Entstehung des daraus abgeleiteten Anspruchs noch ein Tatbestandselement fehlt;

2. künftige Ansprüche, bei denen auch die Tatbestandselemente für das Grundverhältnis noch nicht vollzählig gegeben sind;

3. künftige Ansprüche, für die noch nicht einmal der Grund gelegt ist.

Im Ergebnis dürfte diese Einteilung sich mit der von Oertmann vorgeschlagenen decken.

Nach dieser Gruppierung sollen die wichtigsten Fälle künftiger Ansprüche in den folgenden Paragraphen besprochen werden. Besondere Schwierigkeiten werden dabei die bedingten und befristeten Ansprüche bieten; denn diese Bezeichnungen werden auf ganz verschiedene Erscheinungsformen angewendet. Sie sollen daher in einem besonderen Paragraphen erörtert werden.

§ 8.

Künftige Ansprüche aus bestehendem Grundverhältnis.[1])

Künftige Ansprüche können zu einem gegenwärtig bereits vollständig bestehenden Rechtsverhältnis in einer solchen Beziehung stehen, daß sie sich aus diesem unter Hinzutritt eines weiteren Tatbestandselementes entwickeln. Dieses noch ausstehende Tatbestandselement kann entweder eine Rechtshandlung, wie eine einseitige rechtsgeschäftliche Handlung oder Erklärung eines Kontrahenten, oder auch nur eine Rechtstatsache, z. B. Zeitablauf, sein. Diese Erscheinung findet sich besonders häufig bei

---

[8]) Im ArchBürgR. 18 S. 88; dagegen v. Tuhr in DJZ. 9 S. 428 Anm. 1; s. auch oben S. 17 Anm. 13.

[1]) Vgl. v. Ohmeyer S. 73 f.

obligatorischen Rechtsverhältnissen, wenn sie auch nicht ausschließlich auf sie beschränkt ist, und soll daher bei diesen näher betrachtet werden.

Es gehört zum Wesen des Schuldverhältnisses, daß es fähig ist Ansprüche zu erzeugen. „Ein anspruchsloses Schuldverhältnis wäre, wenn nicht ein Widerspruch in sich, so doch ein unnützes wertloses Gebilde."[2]) Dabei ist der Anspruch begrifflich immer zu unterscheiden von dem Schuldverhältnis.[3]) Das Schuldverhältnis verhält sich zu dem Anspruch wie die Folge zum Grunde, es ist die „lebende Kraft", zu deren „Lebensäußerungen" der Anspruch gehört.[4]) Es ist der „Erzeuger", der Anspruch das „Erzeugnis".[5]) Auch bei einem Schuldverhältnis, das sich in einem einzigen Anspruch erschöpft, muß diese Unterscheidung gemacht werden; denn auch bei diesem kann an die Stelle des ursprünglich gegebenen einzigen Anspruchs auf eine einzige Leistung durch Eintritt einer Tatsache in Zukunft ein davon verschiedener Anspruch auf Schadensersatz treten. Aus den meisten Schuldverhältnissen entwickelt sich aber nicht nur ein Anspruch, sondern oft eine ganze Anzahl gleichartiger oder verschiedener Ansprüche, teils in einer gewissen Periodizität, teils ganz unregelmäßig auf Grund des Eintritts gewisser Rechtstatsachen. Man hat dieses Verhältnis des grundlegenden Schuldverhältnisses zu den daraus entstehenden Einzelansprüchen in mannigfaltigster Weise bezeichnet. Schon die Römer unterschieden zwischen der obligatio und den actiones oder nomina; in der Literatur finden sich die Ausdrücke „Stamm-" und „Zweigobligationen",[6]) „Grundverhältnis" und „Forderungen aus demselben",[7]) „primäres Schuldverhältnis" und „sekundäre Ansprüche",[8]) „Gesamtobligation" und „Anspruch auf die Einzelleistung",[9]) „Gesamtanspruch" und „Einzelanspruch",[10]) „Schuldverhältnisse erster und zweiter Ordnung"[11]) (letztere sind die Ansprüche), „Schuldverhältnisse im weiteren und engeren Sinne".[12])[13])

Auf die streitige, auch wohl weniger wichtige Frage, ob diese später entstehenden Zweigansprüche ihrerseits als neue Schuldverhältnisse anzusehen sind, braucht hier nicht eingegangen zu werden. Insofern aber

---

[2]) Oertmann, Schuldverhältnisse I S. 16.

[3]) S. statt anderer Oertmann, Komm. II S. 2; a. A. Kipp zu Windscheid I § 43 Anm. 6 a.

[4]) Klein, Untergang der Obligation durch Zweckerreichung S. 82.

[5]) Regelsberger, Studien S. 10, 11.

[6]) Regelsberger, Studien S. 10, 11, Blätter für Rechtsanwendung 36 S. 147. Vgl. Stammler, Schuldverhältnisse S. 186, Windscheid-Kipp II § 252 Anm. 10.

[7]) Regelsberger, Studien S. 5.

[8]) Oertmann § 399 Nr. 1 g γ.

[9]) Krainz-Pfaff-Ehrenzweig I § 44.

[10]) Windscheid-Kipp I § 43 Anm. 5, Langheineken S. 143.

[11]) Oertmann, Komm. II S. 3.

[12]) Siber, Rechtszwang S. 92: „Im weiteren Sinne kann es (das Schuldverhältnis) eine Mehrheit von Ansprüchen umfassen, und darunter auch solche, die noch gar nicht begründet sind."

[13]) Vgl. ferner Windscheid-Kipp II § 252 S. 15, Bekker in Zeitschr. f. Rechtsgeschichte 9 S. 366 f., Hellwig, Anspruch und Klagerecht S. 40 f., 414 f.

die sekundären Ansprüche, auch wenn sie erst unter Hinzutritt eines weiteren Tatbestandselementes entstehen, das bereits vorhandene primäre Schuldverhältnis zur notwendigen Voraussetzung haben, kann man jedenfalls von einer höheren Einheit des Rechtsverhältnisses sprechen.[14]) Andererseits haben die Einzelansprüche nach ihrer Entstehung eine gewisse Selbständigkeit, insofern als das etwaige Erlöschen des Grundverhältnisses auf sie grundsätzlich keinen Einfluß hat. Daraus ergibt sich, daß über die Einzelansprüche in doppelter Weise verfügt werden kann, einmal durch Verfügung über das primäre Schuldverhältnis, die dann die sekundären Ansprüche mittrifft,[15]) andererseits kann aber auch über die Einzelansprüche selbständig verfügt werden.[16])

Dagegen muß eine andere Streitfrage hier kurz erörtert werden, nämlich die Frage, in welchem Momente die sekundären Ansprüche zur Entstehung gelangen. Zwei Ansichten stehen hier einander gegenüber. Nach der einen Meinung sind die Einzelansprüche bereits mit dem Vertragsabschlusse entstanden[17]) und sind resolutiv bedingt durch den Wegfall einer Existenzbedingung. Nach der Gegenansicht kommen die Einzelansprüche erst nach und nach durch Fortbestehen des primären Schuldverhältnisses bis zum Eintritt einer weiteren Rechtstatsache zur Entstehung.[18]) Folgt man der ersten Ansicht, so handelt es sich bei den Einzelansprüchen nicht um künftige Ansprüche, sondern um betagte, d. h. um gegenwärtige Ansprüche auf künftige Leistung. Dagegen sind nach der zweiten Ansicht die Einzelansprüche künftige Ansprüche. Mir scheint die letztere Meinung den Vorzug zu verdienen. Nur sie kann eine ganze Reihe von Erscheinungen ungezwungen erklären, z. B. die Tatsache, daß bei Unmöglichwerden der Gegenleistung keine weiteren Ansprüche entstehen. Mit dem Vertragsabschlusse über das grundlegende Verhältnis wird eben nur eine „rechtliche Situation" für die Entstehung der sekundären Ansprüche geschaffen; sie selbst aber entstehen erst künftig, de momento

[14]) Vgl. Windscheid-Kipp I § 43 Anm. 5, Klein a. a. O. S. 161, v. Ohmeyer S. 94 f., Schey, Struktur der Forderungsrechte S. 362 f.

[15]) BGB. §§ 1120, 1123, 1212, 1289; österr. ABGB. § 457, österr. EO. § 299. — Vgl. Regelsberger, Studien § 6.

[16]) Vgl. Regelsberger, Studien S. 13 f.

[17]) So Langheineken S. 145, Crome II § 198 Anm. 3 S. 324, Gaupp-Stein, ZPO. § 258 Nr. I 2, Hellmann, Konkursrecht S. 207 Anm. 3, Windscheid-Kipp I § 225 Anm. 6; letzterer sieht hier entweder Ansprüche mit bestimmter oder unbestimmter Befristung (sub die certo oder incerto) oder gegenwärtige Obligationen, deren Leistungsinhalt nur im allgemeinen bestimmt ist und dessen nähere Bestimmung von der zukünftigen Gestaltung der Verhältnisse abhängt, so daß der einzelne Anspruch ein durch eine condicio juris bedingter ist. Vgl. auch Entscheidung des badischen Oberhofgerichtes vom 19. November 1872 in Zeitschr. f. franz. Ziv.-Recht 4 S. 46 f.: „Durch die Zession (künftiger Mietzinsen) wurde somit nur ein durch die Fortdauer des Eigentums bedingtes Recht der Gebrüder G. auf die Mietzinsen übertragen." Vgl. ferner Oertmann, Vorbem. zu § 759 Nr. 5.

[18]) So Hellwig, Anspruch und Klagerecht S. 370 Anm. 9 (er stützt sich auf KO. § 3 Abs. 2; dagegen Langheineken S. 145 Anm. 2) und Verträge auf Leistung an Dritte S. 431 und Zivilprozeß I S. 371 Anm. 28, Kohler, Prozeß als Rechtsverhältnis S. 63, 84, Dernburg I § 174 Anm. 8, v. Ohmeyer S. 85, Grünebaum im Recht 13 S. 661, OLG. München vom 6. Februar 1909.

ad momentum. Die Gegenansicht berücksichtigt ferner nur den Fall, wo das Entstehen der Einzelansprüche nur noch einen gewissen Zeitablauf erfordert, nicht aber den, wo noch eine ganz neue Tatsache rechtsgeschäftlicher Natur eintreten muß.

Diese künftigen Einzelansprüche können zu dem primären Schuldverhältnis in einer zweifachen Beziehung stehen. Entweder die künftigen Ansprüche sind Ausflüsse des Grundverhältnisses, ohne dessen Bestehen im übrigen zu beeinflussen. Sie treten mit ihrem Entstehen mit einer gewissen Selbständigkeit neben das primäre Schuldverhältnis. Oder aber die künftigen Ansprüche sind ein Ersatz des alten Rechtsverhältnisses. Sie heben mit ihrem Entstehen den ursprünglichen Anspruch auf; an dessen Stelle tritt seinem ganzen Umfange nach ein oder mehrere andere Ansprüche.

Gegen die Abtretung der hierher gehörigen Fälle künftiger Ansprüche dürften keine Bedenken bestehen. Sie besitzen in allen Fällen eine hinreichende Bestimmtheit. Der Rechtsgrund, aus dem sie entstehen sollen, liegt bereits vor und die Rechtssubjekte, zwischen denen sie entstehen sollen, sind bereits bezeichnet. Das Gesetz hat selbst in derartigen Fällen durch ausdrückliche Vorschrift die Abtretbarkeit anerkannt[19]) und man wird diese Bestimmungen auch auf andere nicht gesetzlich geregelte Fälle analog übertragen dürfen.[20])

Die wichtigsten Fälle solcher künftiger Ansprüche aus bestehendem Grundverhältnis und zwar zunächst solcher, die sich neben dem weiter bestehenden Grundverhältnis entwickeln, sind etwa folgende:

1. Ansprüche auf künftige Miet- und Pachtzinsen;

2. Ansprüche auf künftige Früchte eines Grundstückes.[21]) Daß über sie gesondert verfügt werden kann, beweist die sog. Revenüenhypothek (EGBGB. Art. 60, 192);

3. Ansprüche auf künftige Darlehenszinsen;

4. Ansprüche auf künftige Lohnforderungen aus einem Dienstvertrag, auf künftige Provisionen aus noch nicht abgeschlossenen Geschäften (vgl. ZPO. § 833);

5. Ansprüche auf Herausgabe und Aufwendungsersatz aus Miete, Dienstvertrag, Auftrag usw.

6. Ansprüche auf künftige Gewinnanteile bei einer Gesellschaft, vgl. BGB. § 717, österr. HGB. Art. 119, österr. GenG. § 56;

7. künftige Ansprüche aus einem Lieferungsvertrag, z. B. bei Lieferung „auf Abruf", aus einem Bierlieferungsvertrag; es handelt

---

[19]) S. BGB. §§ 717 Satz 2, 1124, 1126 Satz 3, HGB. § 891, KO. § 21 Abs. 2; vgl. § 5, III.

[20]) Ebenso Oertmann § 399 Nr. 1, g, γ. — Dafür auch Scherer § 399 Nr. 1 und OLG. Karlsruhe in Bad. Rspr. 1908 S. 177: „Die Abtretung und Pfändung künftiger Forderungen ist jedenfalls unter der Voraussetzung zulässig, daß in einem schon bestehenden Rechtsverhältnisse bereits die bindende Grundlage für die künftige Forderung besteht."

[21]) v. Ohmeyer (S. 79 Anm. 6) rechnet nur die Ansprüche des Eigentümers, des Nießbrauchers hierher, dagegen die des Pächters oder eines anderen nur obligatorisch Berechtigten zu den „gehofften" Ansprüchen. Diese Unterscheidung scheint mir nicht berechtigt.

sich bei einem Lieferungsvertrag nicht um einen Vorvertrag über noch abzuschließende Hauptverträge, sondern er bildet die Causa für die späteren Einzelansprüche;

8. Ansprüche auf Lotteriegewinne;

9. Ansprüche aus künftigen Zins- und Dividendenkoupons;[22])

10. künftige Ansprüche aus der Überlassung eines Nießbrauchs;

11. Ansprüche auf künftige Reallastleistungen, künftige Ansprüche aus einem Leibgedings-, Leibzuchts-, Altenteils- oder Auszugsvertrag;[23])

12. Ansprüche auf künftige Hypothek-, Grundschuldzinsen, Rentenschulden;

13. künftige Ansprüche aus einem Urheberrechte, z. B. Theatertantièmen, Erträgnisse eines Patentes;

14. Ansprüche auf künftige Unterhaltsforderungen, soweit sie übertragbar sind, z. B. die auf Grund des Haftpflichtgesetzes zuerkannten Rechte;[24])

15. Ansprüche auf künftige Beamtengehälter, soweit sie übertragbar sind (vgl. Reichsgesetz vom 31. März 1873 § 6, Reichsmilitärgesetz vom 2. Mai 1874 § 45).

Künftige Ansprüche, die sich aus einem bestehenden Grundverhältnis entwickeln und an dessen Stelle treten, liegen in folgenden Fällen vor:

1. künftige Ansprüche auf Schadensersatz aus einem bestimmten Vertragsverhältnis;

2. Ansprüche auf das künftige Auseinandersetzungsguthaben bei ungeteilten Vermögensmassen, besonders beim Gesellschaftsvermögen (BGB. § 717 Satz 2);

3. künftige Ansprüche aus einem Versicherungsvertrag, insbesondere der Anspruch auf die Rückkaufssumme bei Stornierung des Versicherungsvertrages (Reichsgesetz vom 12. Mai 1901 § 9 Abs. 1 Nr. 4).

§ 9.

Künftige Ansprüche aus „werdenden" Rechtsverhältnissen.[1])

Bei den bisher besprochenen Fällen lag das Grundverhältnis, aus dem sich der künftige Anspruch entwickeln sollte, in der Gegenwart bereits vollständig vor. Es treten uns aber auch Erscheinungen entgegen, bei denen nicht nur der Anspruch, sondern auch ein Teil der für das Entstehen des grundlegenden Rechtsverhältnisses notwendigen

---

[22]) Vgl. Demelius, Pfandrecht S. 325.

[23]) Diese gehören nicht zu den nach ZPO. § 850 Nr. 2 unpfändbaren und daher (nach BGB. § 400) auch unübertragbaren Rechten; vgl. RG. vom 16. Dezember 1890 bei Bolze Pr. 11 S. 903.

[24]) RG. vom 23. Januar 1880 in RGE. 1 S. 231.

[1]) Vgl. Jhering, Passive Wirkungen der Rechte in JheringsJ. 10 S. 387 f., Koeppen, Der obligatorische Vertrag unter Abwesenden in JheringsJ. 11 S. 139 f, Koeppen, Der Fruchterwerb des bonae fidei possessor S. 26 f., Wendt, Lehre vom bedingten Rechtsgeschäft, Wendt, Das bedingte Forderungsrecht, Scheurl, Zur Lehre von den Nebenbestimmungen bei Rechtsgeschäften, Karlowa, Das Rechtsgeschäft und seine Wirkung S. 109, Ennec-

Tatbestandselemente noch nicht vorhanden sind. Das Rechtsverhältnis ist hier erst lückenhaft begründet; die einzelnen Tatbestandselemente des Grundverhältnisses kommen nicht mit einem Male, sondern zeitlich nacheinander zur Entstehung. Der wichtigste hierher gehörige Fall ist diejenige rechtliche Position, die (wenigstens der Regel nach) bei einem aufschiebend bedingten Rechtsgeschäft während schwebender Bedingung vorhanden ist. Bei diesem Anlaß wird daher auch meistens das vorliegende Problem erörtert; es ergibt sich aber nicht bloß bei diesem Falle, sondern es hat eine allgemeinere Bedeutung. Es handelt sich um die Frage nach der „sukzessiven Entstehung von Rechtsgeschäften" (Koeppen, Dernburg).

Welches nun der rechtliche Zustand ist, der vor dem Eintritt sämtlicher Tatbestandselemente vorliegt, ist streitig. Doch scheint die herrschende Meinung dahin zu gehen, daß es sich um ein Entwicklungsstadium des erst später eintretenden Rechtes handelt. Diese Ansicht vertreten Scheurl, Jhering, Koeppen,[2] Adickes, Dernburg, Oertmann und v. Ohmeyer. Nach Scheurl befindet sich das zu erzeugende Rechtsverhältnis in einem Mittelzustand zwischen Sein und Nichtsein, es seien Keime und Ansätze von Rechten und Verbindlichkeiten vorhanden. Jhering hat sich am eingehendsten mit der Frage beschäftigt; er spricht von einem Vorstadium zukünftiger Rechte, das Recht sei in der Bildung begriffen, im Werden, noch unfertig. Dernburg und Oertmann sehen in dem „Anwartschaftsrecht" eine „Entwickelungsstufe" des künftigen „Vollrechtes". Unrichtig wäre dabei allerdings die Meinung, daß der gegenwärtig bereits vorhandene Teil des Tatbestandes gar keine Wirkungen äußerte, allein er tut dies nur, soweit es zum Schutze für das künftige Recht nötig ist; die vollen Wirkungen können erst mit dem Vorliegen sämtlicher Tatbestandselemente eintreten. Insofern ist es berechtigt die aus einem solchen „werdenden" Rechtsverhältnisse erst mit der Vervollständigung des Tatbestandes entstehenden Ansprüche als künftige zu bezeichnen.[3])

Welche rechtlichen Erscheinungen lassen sich nun unter diesen Gesichtspunkt bringen und inwieweit kann über sie und die sich aus ihnen künftig entwickelnden Ansprüche schon vor dem Vorliegen des vollständigen Tatbestandes verfügt werden?

1. Der wichtigste Fall ist der des aufschiebend bedingten Rechtsgeschäftes.[4]) Da aber als aufschiebend bedingt auch andere Fälle

---

cerus, Rechtsgeschäft, Bedingung und Anfangstermin S. 386 f., Adickes, Zur Lehre von den Bedingungen S. 127, Windscheid-Kipp I § 89 Anm. 13 a, Oertmann § 161 Nr. 1 und 3, v. Ohmeyer S. 146 f., Sohm, Vertragsschluß unter Abwesenden in Goldschmidts Z. 17 S. 374, Dernburg, Pandekten I § 82 („Das Datum der Rechte") S. 185 f., Dernburg, Bürg. Recht I § 155 II S. 459.

[2]) Scheurl, Jhering und Koeppen erinnern dabei an die Analogie des konzipierten, noch nicht geborenen Kindes.

[3]) Zustimmend auch Hölder in DJZ. 14 S. 553.

[4]) S. Prot. I S. 181, Cosack I § 61 S. 193, Matthias I § 58 III S. 259, Enneccerus I § 104 I S. 260. — Vgl. auch Langheineken S. 82 Anm. 5.

bezeichnet werden, so soll er zusammen mit diesen im folgenden Paragraphen behandelt werden.

2. Das Rücktrittsrecht.[5])

Das Rücktrittsrecht ist ein „Recht des rechtlichen Könnens“[6]) oder, nach der Bezeichnung Seckels, ein „Gestaltungsrecht“. Ein Anspruch kann daraus erst entstehen, wenn „der Rücktritt erfolgt“, d. h. wenn er gegenüber dem anderen Teile erklärt wird (§ 349). Die aus der Ausübung des Rücktrittrechtes entstehenden Ansprüche sind also künftige. Sie sind aber keine aus bestehendem Grundverhältnis in dem Sinne, wie wir sie im vorhergehenden Paragraphen betrachtet haben; denn es sind keine sekundären Ansprüche, die sich aus dem bestehenden Rechtsverhältnis als Nebenwirkungen ergäben, sondern das ganze Rechtsverhältnis findet in ihnen seinen Abschluß, zielte von vornherein darauf ab.

Die aus der Ausübung des Rücktrittsrechtes künftig entstehenden Ansprüche sind übertragbar; denn sie sind hinreichend bestimmt. Dagegen kann aus rechtspolitischen Gründen das Rücktrittsrecht selbst nicht übertragen werden; denn dadurch erhielte ein außerhalb des Schuldverhältnisses stehender Dritter die Ermächtigung zu bestimmen, ob ein zwischen anderen Personen bestehendes Schuldverhältnis bestehen bleiben oder aufhören soll. Dies erscheint nicht unbedenklich und man wird deshalb das Rücktrittsrecht zu den „unselbständigen“ Gestaltungsrechten zählen müssen, die nicht Gegenstand selbständiger Übertragung ohne das Hauptrecht sein können. Eine Übertragung der durch die Erklärung des Rücktrittes entstehenden Verpflichtungen ist übrigens zweifellos ausgeschlossen; denn dadurch würde dem Gegner ein anderer Schuldner aufgenötigt werden.

3. Das Vorkaufs- und Wiederkaufsrecht.[7])

Die rechtliche Natur dieser beiden Institute ist, wie im gemeinen Recht, auch noch unter der Herrschaft des BGB. streitig. Allein nach allen Konstruktionsversuchen (Vorvertrag, ein dem Rücktrittsrecht ähnliches Recht des rechtlichen Könnens, Rückkauf unter Bedingung, unwiderrufliche Kaufofferte, das Vorkaufsrecht auch als cessio legis) sind für die Entstehung der Ansprüche noch weitere Tatbestandselemente erforderlich, beim Wiederkauf noch eines, nämlich die Willenserklärung des Berechtigten, beim Vorkauf noch zwei, nämlich außer der Erklärung Abschluß eines neuen Kaufvertrages zwischen dem bedingt Verpflichteten

---

[5]) Seckel, Die Gestaltungsrechte des Bürg. Rechtes in Berliner Festgabe für R. Koch, Oertmann § 399 Nr. 1 g α, $\delta\delta$ und Nr. 1 g γ.

[6]) Über diese von Zitelmann aufgestellte Kategorie s. dessen Allg. Teil S. 5 f. und dessen Internationales Privatrecht 2 S. 32 f., Oertmann, Vorbem. D zu § 194, S. 595 f., Hellwig, Anspruch und Klagerecht S. 2 und Zivilprozeß I S. 322 f., Seckel a. a. O.; teilweise anders Langheineken S. 3.

[7]) Oertmann, Vorbem. zu §§ 497 und 504, § 399 Nr. 1 g α, $\gamma\gamma$ und Nr. 1 g γ, Burdorf, Ist die rechtliche Natur des obligatorischen Vorkaufsrechtes und Wiederkaufsrechtes im BGB. geändert gegenüber dem gemeinen Recht? Erlanger Diss. 1902, Binder, Stellung des Erben III S. 118 f. Anm. 107, Schollmeyer S. 39 f, 42 f, Planck, Vorbem. zu § 497 Nr. 3 und zu § 504 Nr. 4, Lewandowski bei Gruchot 53 S. 565 f.; weitere Literatur bei Windscheid-Kipp II § 388 Anm. 4 und Anm. 8.

und einem Dritten; die Ansprüche sind also künftige. Aus dem gleichen Grund wie beim Rücktrittsrecht liegen auch hier keine Ansprüche aus bestehendem Grundverhältnis vor.

Über die Übertragbarkeit der aus der Ausübung eines Wiederkaufs- oder Vorkaufsrechtes entstehenden Ansprüche dürfte kein Zweifel bestehen. Daß auch die Rechte als solche übertragbar sind, wird für das Vorkaufsrecht durch das BGB. selbst anerkannt; denn § 514 setzt die begriffliche Übertragbarkeit voraus, wenn er sie auch im Hinblick auf den Zweck des Vorkaufsrechtes, das in der Regel den Interessen nur eines bestimmten Rechtssubjektes dienen soll, als dispositiver Rechtssatz ausschließt.[8])

4. Das Anfechtungsrecht.[9])

Das Anfechtungsrecht hat, von dem bedeutenden Unterschied in den Wirkungen natürlich abgesehen, große Ähnlichkeit mit dem Rücktrittsrecht. Auch hier entstehen Ansprüche erst durch die Abgabe der Willenserklärung desjenigen, dem das Recht des rechtlichen Könnens zusteht. Wie das Rücktrittsrecht, so kann auch das Anfechtungsrecht als solches nicht abgetreten werden; denn auch hier ergäbe sich dadurch für einen Dritten die Möglichkeit über den Bestand eines Rechtsverhältnisses zwischen anderen Personen entscheiden zu können. Dagegen wird es wohl ohne weiteres mit der Rechtsnachfolge in die die Anfechtung ermöglichende Rechtslage auf den Rechtsnachfolger übergehen.

Da die sich aus der Ausübung des Anfechtungsrechtes künftig ergebenden Ansprüche sich schon jetzt genau bestimmen lassen, dürfte ein Bedenken gegen ihre Übertragbarkeit nicht bestehen.

5. Das Anwartschaftsrecht des Nacherben.

Die Nacherbschaft fällt dem Nacherben an, wenn „der Fall der Nacherbfolge eintritt“. Dazu ist zweierlei erforderlich: der Tod des Erblassers (Erbfall, Voranfall) und der Wegfall des Rechts des Vorerben. Aber bereits mit dem „Erbfall“ erwirbt der Nacherbe eine rechtlich gesicherte Anwartschaft auf den Nachlaß. Dagegen ist das Vollrecht bis zum Wegfall des Rechtes des Vorerben ein künftiges.

Eine Veräußerung dieses Anwartschaftsrechtes mit obligatorischer Wirksamkeit erscheint nach § 2373 Satz 1 zulässig, da hier dies stillschweigend als möglich vorausgesetzt wird. Ob aber der Nacherbe über das Anwartschaftsrecht auch mit dinglicher Wirkung verfügen kann, ist

---

[8]) Oertmann § 514 Nr. 1.

[9]) Oertmann § 399 Nr. 1 g $\alpha, \delta\delta$ und Nr. 1 g γ. — Vgl. Hellwig, Anspruch und Klagerecht S. 477, 481, 485 Anm. 5, Jaeger, KO. S. 214 Nr. 1 und S. 227 Nr. 41, Seuffert, Konkursprozeßrecht S. 219, 220, 227; a. A. Langheineken S. 115 f., der Anfechtungsanspruch sei ein „verhaltener“ Anspruch, d. h ein bestehender, nicht fälliger, aber gleichwohl in keiner Weise gehemmter Anspruch (oder in der Definition Sibers in Kompensation und Aufrechnung S. 94: „ein Recht des Gläubigers Leistung zu fordern, ohne ein Recht des Schuldners unaufgefordert zu leisten“). — Vgl. auch Fontheim, Das Anfechtungsrecht des Bürg. Rechts, insbesondere seine Übertragbarkeit, Leipziger Diss. 1906 und Riehl, System des Gläubigeranfechtungsrechts § 10 bei Gruchot 53 S. 497 f.

bestritten.[10]) Es hängt dies davon ab, wie man das Anwartschaftsrecht seinem Wesen nach auffaßt. Sieht man darin ein dingliches sog. Erwerbsrecht (so besonders Gierke), dann ist eine Verfügung darüber zulässig. Es ist aber wohl mit mehr Recht anzunehmen, daß es eine Zwitternatur nach Art des grundbuchlich vorgemerkten Rechtes hat.

6. Das Recht aus der Patentanmeldung.

Das deutsche Patentgesetz vom 7. April 1891 unterscheidet zwischen dem Recht auf Erteilung des Patentes und dem Rechte aus dem Patente.[11]) Das Recht auf Erteilung des Patents steht nach § 3 demjenigen zu, der die Erfindung zuerst nach Maßgabe des Patentgesetzes angemeldet hat, vorausgesetzt, daß auch die materiellen Erfordernisse für eine Patenterteilung vorliegen. Nach den Bestimmungen über das Verfahren in Patentsachen erwirbt derjenige, der das Recht aus der Anmeldung hat, mit der auf Grund einer Vorprüfung erfolgenden Bekanntmachung „einstweilen" das Recht aus dem Patente (§ 23). Wird binnen zwei Monaten gegen die Patenterteilung kein Einspruch erhoben, so erhält der Patentsucher dieses Recht endgültig durch Beschluß des Patentamtes (§ 24), also durch einen konstitutiven Staatsakt. Darnach stellt sich das Recht auf Erteilung des Patents als kein um seiner selbst willen bestehendes Recht dar, sondern es ist eine Entwickelungsphase des Patentrechtes.[12])

Daß nun das Recht auf Erteilung des Patents übertragbar ist, wird in § 6 Satz 2 ausdrücklich bestimmt. Damit wird auch das künftige Recht aus dem Patente übertragen.[13]) Ob das Recht auf Erteilung des Patentes auch gepfändet werden kann, ist bestritten, wird aber meistens bejaht. Streit herrscht insbesondere auch darüber, was Gegenstand dieser Pfändung sei, ob es das „Erfinderrecht" als Immaterialgüterrecht sei oder ein neben diesem durch die Anmeldung begründeter Anspruch, der sich als „pfändbares wirtschaftliches Recht" darstelle.[14])[15])

---

[10]) Vgl. Planck, Vorbem. zu § 2100 Nr. 4 b und § 2033 Nr. 1, Achilles-Greiff, Vorbem. zu § 2100 Nr. 3, Fischer-Henle, Vorbem. zu § 2100 und § 312 Nr. 2, RG. bei Gruchot 52 S. 680. — Die Streitfrage bestand übrigens schon im preußischen Recht, vgl. Dernburg, Privatrecht III § 158 Anm. 5, 6 und Eccius IV § 275 Anm. 7, 8; RG. 33 S. 293.

[11]) Ebenso das österreichische Patentgesetz vom 11. Januar 1897; vgl. v. Ohmeyer S. 158 f.

[12]) RG. vom 3. Oktober 1902 in DJZ. 8 S. 81: „es wird einem bedingten Rechte verwandt."

[13]) Dies ist im österr. PatG. § 18 Abs. 5 ausdrücklich bestimmt: „Wird das Recht aus der Anmeldung eines Patentes übertragen, so ist das Patent im Falle seiner Erteilung . . . für den Rechtsnachfolger des Anmelders auszufertigen."

[14]) Vgl. RG. vom 3. Oktober 1902 in DJZ. 8 S. 81 und österr. PatAmt vom 9. März 1906 im Blatt für Patent-, Muster- und Zeichenwesen 13 S. 8, Kohler, Handbuch S. 261 f. und Lehrbuch S. 188, Allfeld, Gewerbl. Urheberrecht S. 119 f.

[15]) Unter den Gesichtspunkt des künftigen Anspruchs aus „werdenden" Rechtsverhältnissen lassen sich auch folgende Fälle bringen. Jemand ist aus einem Darlehensvorvertrag zur Hingabe eines Darlehens verpflichtet, hat es aber noch nicht ausgezahlt und tritt seinen künftigen Rückerstattungsanspruch

7. Exkurs. Die dem Eigentümer künftig zustehende Eigentümerhypothek bei einer Höchstbetragshypothek (§ 1190).

Schließlich sei hier noch ein Problem gestreift, bei dem es sich zwar nicht um die Übertragbarkeit eines künftigen Anspruches aus einem „werdenden" Rechtsverhältnis, sondern um die eines künftigen dinglichen Rechtes aus einem solchen Rechtsverhältnis handelt.

Wenn der Eigentümer eines Grundstückes eine sog. Höchstbetragshypothek bestellt, so entsteht zunächst, solange die Forderung noch nicht zur Entstehung gelangt ist, nicht eine Eigentümerhypothek, sondern die Hypothek steht zunächst in ihrer ganzen Höhe dem im Grundbuch eingetragenen Gläubiger als Sicherungshypothek zu, nur ist die endgültige Feststellung der Forderung, für die sie haftet, der Zukunft vorbehalten. Solange aus dem zugrunde liegenden Schuldverhältnisse Forderungen entstehen können, bleibt die Hypothek für diesen Gläubiger dem ganzen Betrage nach bestehen, gleichviel ob die Forderungen jemals den Höchstbetrag erreichen oder ob auf sie Zahlungen geleistet werden. Erst wenn das der Hypothek zugrunde liegende Rechtsverhältnis beendet ist und sich entschieden hat, ob und zu welchem Betrage die Hypothek zur Sicherung der erwachsenen Forderungen dem Gläubiger und in welcher Höhe der Rest dem Eigentümer zufällt, kann eine Eigentümerhypothek entstehen; denn erst jetzt hat sich herausgestellt, daß und inwieweit die Forderung nicht zur Entstehung gelangt ist (§ 1163 Abs. 1 Satz 1).

Die Zulässigkeit einer antizipativen Verfügung über die Eigentümerhypothek bei einer Höchstbetragshypothek, sei es durch Abtretung oder durch Verpfändung oder Pfändung, wird in der Literatur und der Rechtsprechung fast allgemein anerkannt.[16]) Es fragt sich aber, was eigentlich im vorliegenden Falle Gegenstand der Verfügung sei. Man hat behauptet, es sei das „bedingte persönliche Recht des Grundstückseigentümers, daß die Hypothek beim Ausfall der Forderung ihm als Eigentümerhypothek zufällt".[17]) Allein gegen wen soll dieser Anspruch begründet sein? Der Eigentümer braucht von dem Hypothekengläubiger gar keine Leistung zu verlangen; denn das Gesetz knüpft in § 1163

---

schon jetzt an einen Dritten ab. Oder ein Hypothekenschuldner hat sich dem eingetragenen Gläubiger gegenüber verpflichtet die Hypothek löschen zu lassen, sobald sie Eigentümergrundschuld werden sollte, und dieser tritt den künftigen Anspruch auf Löschung schon vor diesem Zeitpunkt an einen Dritten ab (für die Zulässigkeit dieser Abtretung RG. vom 7. Juni 1902 in RGE. 52 S. 5 f.). Ferner der Anspruch auf den Mietzins aus einem gemäß pactum de contrahendo abzuschließenden Mietvertrag, der Anspruch aus dem vom Bankier zugesagten Akzeptkredit (vgl. Hellmann, Konkursrecht S. 208, Kohler, Lehrbuch des Konkursrechts S. 325).

[16]) So Staudinger § 1190 Nr. 7 c, du Chesne, Das Recht des eine Höchsthypothek bestellenden Eigentümers in DJZ. 10 S. 803 f., Seuffert, ZPO. § 857 Nr. 5 b, Achilles-Greiff § 398 Nr. 1, KG. vom 16. Januar 1905, RGE. 51 S. 115 f. (= SeuffA. 58 S. 56): „Der nach Abwicklung der Kreditgeschäfte möglicherweise dem Eigentümer zustehende Teil kann gleich bedingten und betagten Forderungen schon im voraus gepfändet werden", Entsch. FG. 2 S. 198, OLG. Jena in Rspr. 3 S. 198, 4 S. 320, RGE. 56 S. 14. — Vgl. auch RG. vom 14. November 1903 bei Gruchot 48 S. 606.

[17]) So die erwähnte Entsch. des KG.

den Erwerb des Rechtes unmittelbar an den Ausfall der Forderung an, der Eigentümer erwirbt ohne Rücksicht auf seinen Willen oder die Zustimmung des Gläubigers lediglich kraft Gesetzes die Hypothek. Eine andere Ansicht vertritt Jaeckel.[18]) Die Höchstbetragshypothek sei nicht durch die Entstehung der Forderung bedingt, sondern unbedingt und stehe, soweit für den Gläubiger Forderungen nicht entstehen, dem Eigentümer zu. Es sei bei ihr also nur unbestimmt, ob sie dem Gläubiger oder dem Eigentümer zustehe, und inwieweit sie dem einen oder dem anderen zustehe. Beide hätten also schon jetzt ein dem Umfange nach noch ungewisses dingliches Recht. Auch diese Auffassung scheint unhaltbar, wie sich aus dem oben über die Entstehungszeit der Eigentümerhypothek Gesagten ergibt. Eine dritte Meinung hat du Chesne in verschiedenen Aufsätzen[19]) verfochten. Gegenstand der antizipativen Verfügung sei der Tauschwert des Grundstückes, bzw. ein Teil davon, der mit der Bestellung der Hypothek als vom Grundstück abgetrenntes Rechtsgut zu denken sei und bei dem es bis zum endgültigen Ausfalle der Gläubigerforderung ungewiß sei, ob es dem Gläubiger oder dem Eigentümer zustehe. Diese Lehre steht wie die ganze Wertparzellentheorie mit dem Wortlaut und dem Sinn des Gesetzes in Widerspruch; denn die Hypothekenrechte ergreifen als dingliche Belastungen die Sache selbst und zwar die ganze Sache mit ihrem vollen Werte, unabhängig von der Höhe der Hypothek. Mir scheint die Auffassung am einfachsten, daß man es hier mit einem „werdenden" Rechte zu tun habe und daß dieses Gegenstand der Verfügung sei.

§ 10.

Bedingte und befristete Ansprüche.[1])

Wir wenden uns nun zu einer zusammenhängenden Betrachtung derjenigen Erscheinungen, die man gewöhnlich ohne genauere Unterscheidung als bedingte und befristete Ansprüche bezeichnet. Es müssen hier aber zwei Unterscheidungen durchgeführt werden: einmal sind nicht alle bedingten und befristeten Ansprüche durchweg künftige, man zählt vielmehr unter sie auch die gegenwärten Ansprüche auf künftige Leistung, andererseits zerfallen die künftigen Ansprüche wieder in solche aus bestehenden Grundverhältnissen und in solche aus werdenden Rechtsverhältnissen.

1. Es ist zunächst auf die Streitfrage einzugehen, ob der Begriff des Anspruches es überhaupt zuläßt, von einem bedingten oder befristeten Anspruch als einem gegenwärtig existierenden wirklichen Anspruch im

---

[18]) ZBlFG. 4 S. 279 f.

[19]) S. oben Anm. 16, ferner die bedingte Eigentümergrundschuld des Bestellers einer Höchsthypothek im Recht 9 S. 644, die nicht valutierte Grundschuld im Zwangsversteigerungsverfahren in BayZfR. 1 S. 257; vgl. ferner SächsArch. 15 S. 157 und DNB. 1905 S. 397.

[1]) S. außer der zu § 9 angeführten Literatur noch besonders Langheineken, Anspruch und Einrede und Langheineken, Beilagen zur Vorlesung über Bürg. Recht, Allg. Teil §§ 36, 37, 38.

technischen Sinn des Wortes zu sprechen, oder ob ein Anspruch seinem Begriffe nach darin bestehen müsse, daß sofort eine Leistung verlangt werden könne, so daß also die Zufügung einer Bedingung oder Befristung den Anspruch immer zu einem künftigen, noch nicht existierenden mache. Damit deckt sich die Frage, ob Fälligkeit zum Begriff des Anspruchs gehöre. Nach der einen Ansicht ergibt sich das Erfordernis der Fälligkeit der Leistung aus dem Begriffe des Anspruchs. Es könne wohl ein bedingtes oder befristetes Schuldverhältnis bereits vorhanden sein, aber ein wirklicher Anspruch entstehe erst mit Eintritt der Bedingung oder des Termins, in dem Augenblick, in dem man tatsächlich „von einem anderen ein Tun oder ein Unterlassen zu verlangen" berechtigt ist (§ 194 Abs. 1). Es gebe also keinen gegenwärtigen nichtfälligen Anspruch.[2]) Allein diese Lehre kann eine Reihe von Problemen, die sich aus der Anspruchs-, insbesondere aus der Verjährungslehre ergeben, nicht in befriedigender Weise lösen. Man wird daher schärfer unterscheiden müssen. Ein Anspruch liegt jedenfalls noch nicht vor, wenn von dem Gegner überhaupt noch keine Leistung verlangt werden kann. Hier ist nur eine Rechtslage bereits vorhanden, aus dem sich in Zukunft ein Anspruch ergeben kann. Es ist jedoch nicht unbedingt nötig, daß der bereits bestehende Anspruch zum Gegenstand eine gegenwärtige Leistung hat; der bestehende Anspruch kann auch auf eine künftige Leistung gehen; der Schuldner ist bereits gegenwärtig verpflichtet, aber nicht verpflichtet zu gegenwärtiger, sofortiger Leistung. Der Anspruch ist also nicht immer das „zur Geltendmachung reife subjektive Recht", sondern es gibt auch einen gegenwärtigen Anspruch auf eine künftige Leistung.[3]) Es ist daher scharf zu scheiden zwischen einem künftigen, noch nicht bestehenden Anspruch und einem gegenwärtig bestehenden, aber auf künftige Leistung gerichteten „nicht-fälligen" Anspruch. Die bedingten und befristeten Ansprüche können somit entweder künftige Ansprüche oder gegenwärtige Ansprüche auf künftige Leistung sein.

Ein Anspruch ist bedingt, wenn entweder sein Bestehen oder seine Geltendmachung geknüpft ist an den Eintritt eines zukünftigen

---

[2]) So Crome I § 35 S. 180: „Der Anspruch besteht immer darin im Augenblick eine Leistung von einer gewissen Person verlangen zu können", Enneccerus I § 124 S. 310: „Anspruch ist die Befugnis von einer bestimmten Person alsbald ein Tun oder ein Unterlassen zu verlangen" und S. 311: „der Anspruchsbegriff muß auf Rechte auf ein alsbaldiges Tun oder Unterlassen beschränkt werden", Neumann, Handausgabe I § 198 Nr. 1: „der Anspruch ist entstanden, sobald die Leistung rechtlich verlangt werden kann", Kohler, Lehrbuch S. 174, 177 und in Grünhut 14 S. 9 f. (für das gemeine Recht): „der Anspruch ist die präsente Befugnis von einem anderen eine Tätigkeit oder ein Ablassen von einer Tätigkeit zu verlangen", Dernburg I § 175 I, Hölder im ArchZivPrax. 93 S. 42, in IheringsJ. 46 S. 292 f. und § 198 Nr. 1, Regelsberger, Pand. I § 52 IV, 2, Riezler § 198 Nr. 3 c. — Vgl. ferner die S. 57 Anm. 17 Angeführten.

[3]) Oertmann, Vorbem. zu § 194 A 4 c S. 583 (vgl. aber Vorbem. zu § 241 Nr. 3 c α, ββ S. 2), Langheineken, Anspr. S. 21 f., 51 f., 87 und Allg. Teil § 36 I, 1, § 38 I, 1, Hellwig, Anspruch und Klagerecht S. 7, 39, Kipp zu Windscheid I § 43 Anm. 6 a und S. 558 (s. aber Windscheid I § 107 S. 554 f.), Leonhard S. 235, Endemann § 93 Z. 1, Planck § 198 Nr. 1, Stephan, Die Unterlassungsklage S. 110.

ungewissen Ereignisses (dies incertus an). Ist nur die Geltendmachung bedingt, so ist der Anspruch ein gegenwärtiger; er ist von dem unbedingten nicht nach Existenz, sondern nach Inhalt verschieden; denn er geht schon jetzt darauf, daß der Schuldner bei Eintritt eines bestimmten Ereignisses leiste.[4]) Ist aber auch die Entstehung bedingt, so ist der Anspruch ein künftiger. Langheineken schlägt für die Ansprüche der ersteren Art die Bezeichnung „bedingt wirksame" und für die der zweiten Art die Bezeichnung „bloß bedingte" Ansprüche vor. Er war überhaupt der erste,[5]) der auf den vorliegenden Gegensatz eindringlich hingewiesen und seine Bedeutung nicht nur für das materielle Recht, sondern auch für das Prozeß- und das Konkursrecht dargelegt hat. Freilich wird es in vielen Fällen schwer sein, die Grenze zwischen bedingt wirksamen und bloß bedingten Ansprüchen zu ziehen, aber dadurch wird weder die Notwendigkeit noch die Berechtigung dieser Unterscheidung aus der Welt geschafft.[6]) Nicht ausschlaggebend ist der Grad der Wahrscheinlichkeit, die für den Eintritt der Bedingung besteht. Vielleicht läßt sich aber daraus in vielen Fällen ein Indiz entnehmen, insbesondere dürfte nur ein bloß bedingter Anspruch vorliegen, wenn „die Möglichkeit des Eintritts der Bedingung eine so entfernte ist, daß die Forderung einen gegenwärtigen Vermögenswert nicht hat".[7]) Als Beispiele bedingt wirksamer Ansprüche seien aus dem Gesetze erwähnt[8]) § 2306 Abs. 1, § 2307 Abs. 1, § 1001 Satz 1, § 2022, § 1481, § 1387 Nr. 2, § 1654 Satz 2, § 1620 Abs. 1, § 839 Abs. 1; Beispiele aus der Praxis behandeln die Entscheidung des Reichsgerichts vom 3. Februar 1902 (bei Gruchot 46 S. 367 f.) und eine Entscheidung des preußischen Obertribunals[9]) (in Bd. 69 S. 55); ferner gehören hierher der Anspruch auf Erstattung der Prozeßkosten,[10]) der Regreßanspruch des Bürgen oder Mitschuldners, der Anspruch aus einem Blankoakzept,[11]) der Wechselregreßanspruch gegen Aussteller, Indossanten und Akzeptanten.[12]) Zu den bloß bedingten Ansprüchen gehören zunächst alle Ansprüche, die auf einem unter einer aufschiebenden Bedingung vorgenommenen Rechtsgeschäft beruhen (§ 158), ferner die Ansprüche aus § 160 Abs. 1, § 652 Abs. 1 Satz 2, § 2124 Abs. 2

[4]) Vgl. dagegen Enneccerus I § 105 I, 1 S. 264.

[5]) Eine beiläufige Bemerkung findet sich bei Neumann, Handausgabe I § 198 Nr. 2: „Entsteht der Anspruch unbedingt, ist seine Geltendmachung aber bedingt oder befristet . . . ."

[6]) A. A. Enneccerus I § 105 S. 263 f.

[7]) BGB. § 1986 Abs. 2 Satz 2; vgl. ZPO. § 916 Abs. 2 und KO. §§ 154, 171.

[8]) Vgl. Langheineken S. 74 f. S. auch RGE. 58 S. 172 Z. 11—13 v. o. Dagegen Siber in JheringsJ. 50 S. 81.

[9]) Vgl. hiezu Langheineken S. 79 f., Dernburg I § 175 Anm. 8, Rehbein I S. 306.

[10]) RG. vom 23. September 1895 in JW. 1895 S. 504, Gaupp-Stein, ZPO. Vorbem. IV zu § 91, Seuffert, ZPO. Vorbem. 3 zu § 91. — A. A. Flechtheim bei Gruchot 44 S. 74.

[11]) RG. vom 4. November 1882 in RGE. 8 S. 57, Jaeger, KO. § 3 Anm. 17.

[12]) Jaeger, KO. § 3 Anm. 20.

Satz 2, § 2125 Abs. 1, § 331 Abs. 1 und § 440 Abs. 2 (letzteres ist zweifelhaft), ferner die Ansprüche in den Fällen, in denen der Gläubiger dem Schuldner eine angemessene Frist zur Bewirkung der Leistung bestimmen kann mit der Erklärung, daß er die Annahme der Leistung nach dem Ablaufe der Frist ablehne, und in denen dann der Gläubiger an Stelle des ursprünglichen Anspruches einen anderen gegen den Schuldner hat.[13])

In der Literatur ist die Kategorie der bedingt wirksamen Ansprüche als bereits bestehender bis jetzt nur von wenigen anerkannt worden.[14]) Von den meisten wird das Bestehen bedingter Ansprüche verneint und zwar entweder in gemilderter Form, daß das Bestehen eines subjektiven Rechtes zwar anerkannt, aber das Bestehen eines Anspruches geleugnet wird,[15]) oder daß immer nur eine „Anwartschaft", ein „Vorrecht", eine „Erwerbsberechtigung" als bestehend angenommen wird[16]) oder aber daß grundsätzlich das gegenwärtige Bestehen eines bedingten Anspruches für ausgeschlossen erklärt wird.[17]) Bei mehreren Schriftstellern finden sich widersprechende Äußerungen.[18])

Eine entsprechende Unterscheidung wie bei den bedingten Ansprüchen muß auch bei den befristeten durchgeführt werden, je nachdem entweder ihr Bestehen oder ihre Geltendmachung abhängig ist von dem Eintritt eines zukünftigen gewissen Ereignisses (dies certus an). Im ersteren Fall, bei den „bloß befristeten" Ansprüchen, handelt es sich um künftige Ansprüche,[19]) bei dem zweiten Fall, den „betagten"[20]) Ansprüchen, um gegenwärtige Ansprüche auf künftige Leistung.[21]) Eine ausdrückliche Bestimmung, wann ein Rechtsgeschäft als seiner Wirkung

---

[13]) § 250 Satz 2, § 283 Abs. 1 Satz 2, § 326 Abs. 1 Satz 2, § 634 Abs. 1 Satz 3, § 325 Abs. 2 vbd. m. § 283, § 325 Abs. 1 Satz 3, § 323 Abs. 2. — Vgl. Langheineken S. 84 f., Schollmeyer § 250 Nr. 3.

[14]) Außer Langheineken (S. 51 f. und Allg. Teil § 37 und Urteilsanspruch S. 123) Hellmann, Konkursrecht S. 139, 206 (vgl. aber Vorträge S. 210), Kipp zu Windscheid I S. 188, Leonhardt, Allg. Teil S. 195 Anm. 5, S. 226 Anm. 4, S. 235, Jaeger, KO. § 3 Anm. 17 und 36.

[15]) So z. B. Crome I § 35 S. 181 Anm. 11: „Ist das Schuldverhältnis bedingt, so existiert zwar die Forderung, aber noch kein Anspruch."

[16]) S. oben § 9 S. 49 Anm. 4.

[17]) So Motive I S. 255: „Eine bedingte Schuld ist noch keine Schuld", Windscheid-Kipp I § 107 S. 554 f., Siber, Rechtszwang S. 82: „Aufschiebend bedingte und betagte Ansprüche sind noch keine Ansprüche . . . Zum Vorhandensein eines Anspruches gehört ein sofortiges Leistensollen des Schuldners", Planck I § 158 Nr. 2, Zitelmann, Allg. Teil S. 176, Matthiaß I § 17 III S. 69. So wohl auch Oertmann § 158 Nr. 4 d, Vorbem. zu § 194 A Nr. 4 c: „es ist nicht unbedenklich bereits einen bedingten Anspruch als bestehenden anzuerkennen" und § 388 Nr. 2: „eine bedingte Forderung besteht noch nicht".

[18]) So bei Cosack, Hellwig, Schollmeyer; vgl. Langheineken S. 83 Anm. 2.

[19]) Es sind dies die Ansprüche aus einem „Rechtsgeschäft, für dessen Wirkung ein Termin bestimmt worden ist" (§ 163).

[20]) BGB. § 813 Abs. 2, § 2217 Abs. 2, ZPO. § 844, KO. §§ 54, 65, ZwVG. § 111.

[21]) Rehbein I S. 241: „Die Befristung betrifft die Wurzel des Rechtes, die Betagung die Fälligkeit." Vgl. Planck I § 201 Nr. 1, Endemann I § 79 Anm. 5.

nach aufgeschoben und wann nur als betagt anzusehen ist, enthält das BGB. nicht. Doch wird sich dies in der Regel ohne große Schwierigkeit erkennen lassen. Die Unterscheidung dürfte nur bei Schuldverhältnissen von Bedeutung sein. Bei dinglichen Rechtsgeschäften dagegen, soweit diese eine Befristung überhaupt zulassen, wird die Beifügung eines dies a quo regelmäßig die Bedeutung eines Hinausschiebens der Entstehung der Rechte haben; aus einem solchen Rechtsgeschäft entstehende Ansprüche sind daher befristete im engeren Sinn, künftige Ansprüche. Um betagte, gegenwärtig schon bestehende Ansprüche handelt es sich besonders in den Fällen, in denen die Geltendmachung des Anspruches durch eine Einrede ausgeschlossen ist und in denen nicht das Grundverhältnis, sondern nur der daraus entstehende Anspruch auf einen späteren Zeitpunkt angesetzt ist, z. B. beim Darlehen der Rückzahlungsanspruch, beim Datowechsel der Wechselanspruch, bei der Miete der Herausgabeanspruch.[22]) Auch über die Existenz der betagten Ansprüche herrscht in der Literatur Streit. Doch hat sich für ihr Bestehen die herrschende Meinung ausgesprochen.[23]) Eine andere Ansicht sieht in jeder Beifügung einer Zeitbestimmung einen Mangel des anspruchbegründenden Tatbestandes.[24]) Eine dritte Gruppe von Schriftstellern leugnet die Existenz betagter Ansprüche und gibt nur die Existenz betagter Rechte zu.[25]) Auch bei dieser Frage haben sich einzelne Autoren in Widersprüche verwickelt.[26])

2. Mit der Unterscheidung zwischen bloß bedingten und bloß befristeten, also künftigen Ansprüchen einerseits und bedingt wirksamen und betagten, also gegenwärtigen Ansprüchen andererseits ist die Unterscheidung zwischen „bedingten Rechtsgeschäften“ und „bedingten Rechtsverhältnissen“[27]) verwandt, ohne sich aber mit ihr vollständig zu decken.

---

[22]) Beispiele betagter Ansprüche s. Langheineken S. 67, Beispiele befristeter Ansprüche S. 70.

[23]) So Windscheid-Kipp I § 96 Anm. 5, Langheineken S. 51 f., Allg. Teil § 37, I, Urteilsanspruch S. 123, Oertmann § 163 Nr. 4 c (vgl. aber auch Vorbem. zu § 241 Nr. 3 c $\alpha \beta\beta$ S. 2), Eccius bei Gruchot 45 S. 436 f., Endemann I § 79 S. 335 Anm. 2, 8, 9, Hellwig, Anspruch und Klagerecht S. 6 f., Planck I Vorbem. VII S. 48, § 163 Nr. 1, Rehbein I S. 241 (s. S. 57 Anm. 21), Jaeger, KO. § 3 Anm. 36, Hellmann, Konkursrecht S. 140, 206 (s. aber auch Vorträge S. 210), Kipp zu Windscheid I § 96 a S. 506 (er erkennt die betagten Ansprüche als existierend an, bestreitet aber die Unterscheidung zwischen betagten und befristeten Ansprüchen).

[24]) So Siber, Rechtszwang S. 82 (s. S. 57 Anm. 17), Zitelmann, Allg. Teil S. 176, Hölder im ArchZivPrax. 93 S. 93, bei Busch 29 S. 55, § 198 Nr. 1.

[25]) So Crome I § 102 S. 449 und § 35 S. 181 Anm. 11 (s. S. 57 Anm. 15), Dernburg § 157 II Anm. 6 und 7 (vgl. aber auch § 175 I Anm. 1), Enneccerus I § 105 II, 1, § 124 I, 3 („die befristete Forderung ist ein schon existierendes Recht, aber noch kein Anspruch“) und § 186 Anm. 3, Leonhard S. 416 f.; vgl. auch Schüller, Begriff und Wirkung der Stundung nach geltendem Rechte, Leipziger Diss. 1904 und Simèon, Wesen des befristeten Rechtsgeschäftes S. 26.

[26]) So Cosack, Schollmeyer, vgl. Langheineken S. 70 Anm. 3.

[27]) Koeppen in JheringsJ. 9 S. 163 f., 334 f., Fruchterwerb des bonae fidei possessor S. 25 f., 51 f., Windscheid-Kipp I § 67 Anm. 2, Oert-

Man muß nämlich scharf unterscheiden, ob das grundlegende Rechtsgeschäft selbst oder ob nur der eine oder andere Anspruch, der sich aus dem an sich unbedingten bzw. unbefristeten Rechtsgeschäft entwickeln soll, bedingt oder befristet ist. Der Gegenstand wird veranschaulicht durch die Unterscheidung zwischen emptio rei speratae und emptio spei.[28]) Ist nun das Grundverhältnis bedingt oder befristet, so sind auch die einzelnen daraus entspringenden Ansprüche „bloß bedingte" oder „bloß befristete". Ist aber das Grundverhältnis selbst ohne Nebenbestimmung und nur die daraus entspringenden Ansprüche bedingt oder befristet, so wird es sich meistens um bedingt wirksame oder betagte Ansprüche handeln. Allein daraus, daß sich die Nebenbestimmung nur auf die sekundären Ansprüche bezieht, folgt nicht mit Notwendigkeit, daß immer gegenwärtige Ansprüche auf künftige Leistung (bedingt wirksame und betagte) vorliegen, es können auch bloß bedingte und bloß befristete Ansprüche sein. Entstehen die Ansprüche aus Rechtsverhältnissen, die selbst bedingt oder befristet sind, so gehören sie zu der Gruppe der künftigen Ansprüche aus „werdenden" Rechtsverhältnissen. Ist aber das grundlegende Rechtsverhältnis unbedingt oder unbefristet und bezieht sich die Nebenbestimmung nur auf die Einzelansprüche, so gehören sie, vorausgesetzt daß es sich überhaupt um künftige, nicht um gegenwärtige Ansprüche auf künftige Leistung handelt, zu den künftigen Ansprüchen aus bestehendem Grundverhältnis.

Die Abtretbarkeit von bedingten und befristeten Ansprüchen wird auch von denen zugegeben, die sich gegen die Übertragbarkeit künftiger Ansprüche ausgesprochen haben. Darauf wurde oben schon hingewiesen.[29])

§ 11.

Künftige Ansprüche aus nicht bestehenden Rechtsverhältnissen.[1])

Die bisherige Darstellung künftiger Ansprüche zeigte eine gewisse Stufenfolge nach der Anzahl der bestehenden Tatbestandselemente. Wir haben zunächst diejenigen künftigen Ansprüche behandelt, bei denen für das grundlegende Rechtsverhältnis bereits der ganze Tatbestand vorlag, aus dem sich künftig der sekundäre Anspruch entwickeln sollte. Dann besprachen wir solche künftige Ansprüche, bei denen selbst für das Grundverhältnis gegenwärtig noch nicht sämtliche Tatbestandselemente vorhanden sind, ein Teil vielmehr erst in der Zukunft eintreten wird. Nun wenden wir uns zu der letzten Gruppe künftiger Ansprüche, die mit einem gegenwärtig bestehenden Rechtsverhältnis durch kein Band

---

mann § 158 Nr. 4 d, § 163 Nr. 4 b, Vorbem. zu § 194 A 4 c β, Planck § 163 Nr. 1.

[28]) Vgl. Oertmann, Vorbem. zu § 433 Nr. 1 b, Dernburg, Pand. II § 94 Anm. 13 und 14; teilweise a. A. Endemann, Die Lehre von der emptio rei speratae und emptio spei und deren Bedeutung für das heutige Recht bei Grünhut 12 S. 345 f.

[29]) S. S. 33 Anm. 23.

[1]) S. v. Ohmeyer § 7 „Verfügung über gehoffte Rechte" S. 163 f.

verbunden sind.[2]) Für sie existiert gegenwärtig noch nicht einmal das Grundverhältnis. Es sind dies diejenigen künftigen Ansprüche, welche Windscheid ausschließlich als künftige bezeichnet,[3]) „zu denen noch nicht einmal der Grund gelegt ist". Man bezeichnet sie auch als „künftig mögliche Rechte im absoluten Sinn"[4]) oder als „gehoffte" Rechte.[5])

Hier liegen für das Entstehen des Anspruches wie des Grundverhältnisses, aus dem er sich entwickeln wird, noch sämtliche Tatbestandselemente in der Zukunft. Allerdings liegt auch bei ihnen in der Gegenwart oft schon ein Rechtsverhältnis vor, das den Eintritt des künftigen Anspruchs vorbereitet und mit dem er künftig in irgend welcher Beziehung stehen wird. Allein dies ist nicht das Grundverhältnis, aus dem der Anspruch entstehen soll, sondern ein Rechtsverhältnis, vielleicht sogar zwischen anderen Rechtssubjekten als denjenigen, zwischen denen das künftige Grundverhältnis bestehen wird, welches aber auf irgend eine Weise die Aussicht auf den künftigen Erwerb eines Anspruches vermittelt.

Über die Abtretbarkeit gerade dieser Gruppe von künftigen Ansprüchen herrscht vor allem Streit. Sobald es sich um Abtretung solcher Ansprüche handelt, für die noch nicht der Grund gelegt ist, muß in jedem einzelnen Falle für deren Gültigkeit genau geprüft werden, ob der Anspruch hinreichend bestimmt ist, daß er den in § 6 gestellten Erfordernissen, nämlich Angabe der Rechtssubjekte und des Rechtsgrundes, genügt. Gerade bei ihnen wird auch häufig der Fall eintreten, daß die Person des Schuldners noch unbestimmt ist. Läßt sich aber dennoch der Anspruch hinreichend bestimmen, so ist dies kein Hinderungsgrund, da ja die Abtretung allein durch den Vertrag zwischen dem Abtretenden und dem Erwerber erfolgt, ohne daß eine Zustimmung des Schuldners nötig wäre. Die Frage nach der Abtretbarkeit solcher künftiger Ansprüche kann daher nur von Fall zu Fall entschieden werden. Im folgenden sollen die für das praktische Leben wichtigsten Fälle daraufhin untersucht werden, ob sie für die Rechtswirksamkeit hinreichend bestimmt sind.

1. Der für den geschäftlichen Verkehr wichtigste Fall ist die Abtretung von Ansprüchen aus noch nicht abgeschlossenen Lieferungsverträgen.[6]) Eine leistungsfähige Kreditanstalt stellt dem Unternehmer das zur Ausführung der Arbeit nötige Kapital und läßt sich dafür zur Deckung die Ansprüche abtreten, die dem Unternehmer künftig aus der Ausführung des Werkes gegen Dritte — Staat, Gemeinden oder

[2]) Z. B. A gibt seinen Bruder B Vollmacht sein Haus zu einem beliebigen Kaufpreis an einen beliebigen Dritten zu verkaufen und tritt ihm schon jetzt die Forderung auf den von ihm zu bestimmenden Preis ab (s. Cosack I § 114 S. 455).

[3]) S. S. 42 Anm. 1.

[4]) Diese Bezeichnung, die sich gerade nicht durch Anschaulichkeit auszeichnet, stammt von Regelsberger (Studien § 2 S. 5 und Bayr. Hyp.=Recht I S. 188).

[5]) So besonders bei österreichischen Schriftstellern im Anschluß an ABGB. § 939; vgl. Krainz=Pfaff=Ehrenzweig, System I § 59, v. Ohmeyer S. 163 f.

[6]) Vgl. oben S. 28, Heuer in DJZ. 8 S. 29, v. Ohmeyer S. 171 f.

Privatpersonen — erwachsen werden. Eine ähnliche Situation liegt vor, wenn der Großhändler die für das Unternehmen erforderlichen Rohmaterialien dem Unternehmer gegen Abtretung seiner künftigen Ansprüche auf Kredit liefert. Ist hiebei der künftig abzuschließende Vertrag seinem Gegenstand nach und der Vertragsgegner bezeichnet, so ist der künftige Anspruch hinreichend bestimmt, seine Abtretung also gültig.

Ein solcher Fall lag dem Reichsgericht zur Entscheidung vor.[7]) Dem R. wurden von der verkl. Stadtgemeinde B. durch Vertrag vom 1. Juni 1900 große Straßenarbeiten übertragen. Schon vorher, im April 1900, hatte R. mit dem Kläger einen Vertrag geschlossen, laut dessen dieser ihm die nötigen Betriebsgelder vorzuschießen hatte, R. dem Kläger dagegen die von der Stadt B. (Verklagten) zu erwartenden Zahlungen abtrat. Am 6. Juni 1900 machte Kläger der Verklagten von dieser Abtretung Mitteilung. Die Stadt zahlte aber nicht an Kläger, sondern teils an R., teils hielt die Verklagte die Zahlung wegen später eingetretener Pfändungen der Forderung zurück. Sie entgegnete auf die erhobene Klage, daß die Abtretung künftiger Forderungen des R. rechtsunwirksam gewesen sei. Das Berufungsgericht verurteilte und das Reichsgericht wies die Revision zurück, da es im vorliegenden Fall die Abtretung für gültig hielt.

Ein ähnlicher Fall ist in der österreichischen Rechtsprechung behandelt.[8]) Die Firma A. hatte mit dem Stadtbaumeister R. die Vereinbarung getroffen, wonach sie demselben außer zu den ihm von der Kommune X. damals bereits übertragenen, in dem Übereinkommen speziell angeführten Kanalarbeiten auch noch zu allen jenen Arbeiten, welche ihm in Hinkunft seitens der genannten Kommune übertragen werden sollten, hydraulischen Kalk, Portlandzement sowie alle hydraulischen Bindemittel zu bereits vereinbarten Preisen liefern sollte, wogegen nun R., „damit die Firma A. mit einiger Beruhigung der langsichtigen Zahlung ihrer aus der Geschäftsverbindung mit R. entspringenden Forderungen entgegensehen könne", an diese Firma alle jene Forderungen übertrug, die ihm an die Kommune X. für geleistete Arbeiten erwachsen waren und in Hinkunft für erst zu übertragende Arbeiten noch erwachsen sollten. In der Folge wurde seitens eines Gläubigers des R. Pfändung auf einzelne dieser Forderungen geführt. A. begehrte daher im Klagewege Feststellung ihres Vorrechtes. Dieses Vorrecht wurde durch Urteil anerkannt.

In StrArch. 59 S. 28 findet sich eine Entscheidung, in der die Abtretung einer Forderung „für Fuhren, die im September desselben Jahres an eine Gesellschaft geleistet werden würden", für unwirksam erklärt wurde, weil zur Zeit der Abtretung ein „Rechtsverhältnis nicht bestanden, aus welchem der Zedent zu fordern, die Gesellschaft anzunehmen und zu leisten verpflichtet" war. Mir erscheint diese Entscheidung verfehlt. Die Tatsache, daß zur Zeit der Abtretung der Zedent für die

---

[7]) RG. vom 29. September 1903; vgl. OLG. Dresden vom 28. November 1906.

[8]) Akt des Ex.-Gerichtes Wien, Entscheidung vom 1. März 1907, CIX 16/7; zitiert nach v. Ohmeyer S. 171.

Jahren noch nicht einmal engagiert war, genügt nicht zur Begründung. Da die Ansprüche hinreichend bestimmt waren, war ihre Abtretung gültig.

Das Gleiche gilt von der Entscheidung des Reichsgerichts vom 28. Okt. 1881,[9]) welche die Zession von Forderungen betraf, „welche dem Zedenten gegen den Magistrat in X. für im Laufe eines Jahres übernommene und erst zu übernehmende Pflasterarbeiten gebühren bzw. gebühren werden". Das Reichsgericht erklärte unter der Herrschaft des ALR. die Abtretung insoweit als unzulässig, als Forderungen aus einem nach der Abtretung geschlossenen Lieferungsvertrag in Frage standen. Unter der Herrschaft des BGB. wäre die ganze Abtretung gültig gewesen.

2. Abtretung von Ansprüchen aus einem bestimmten Geschäftsbetrieb. Hier muß genau angegeben sein, aus welchem Geschäftsbetrieb die Ansprüche entstehen sollen, ferner müssen die Kunden auf irgend welche Weise enger begrenzt werden. Unzulässig wäre die Abtretung aller Ansprüche, die einem Kaufmann im Verlaufe einer unbestimmten Zeit gegen unbekannte Kunden erwachsen werden.

Interessant sind für diesen Fall zwei Entscheidungen des Reichsgerichts,[10]) deren Tatbestände hier angegeben seien.

a) Ein Pfandleiher F. in Bremen lieh von dem Kläger im Jahre 1902 4350 *M.* Zur Sicherheit der Rückzahlung zedierte er an Kl. „die Forderungen aus Darlehen, wofür in seinem Geschäftsbetrieb Gegenstände zum Pfand übergeben werden", bis zur Höhe des Darlehens mit dem Zusatz: „Ein Verzeichnis der Schuldner ergibt sich aus dem Pfandbuch." Die Pfänder blieben bei F. Später wurde vereinbart, daß aus dem Erlös zur Abdeckung nur jedesmal ein Drittel an Kl. abzuliefern, der Rest dem F. als Betriebskapital verbleibe. F. geriet in Konkurs. Der Konkursverwalter bestritt die Gültigkeit der Zessionen der am Tage der Konkurseröffnung vorhandenen Außenstände. Kl. klagte auf Anerkennung eines Aussonderungsrechtes in betreff derselben. Die Vorinstanzen verurteilten. Das Reichsgericht wies auf Revision des Konkursverwalters die Klage ab.

b) Der spätere Gemeinschuldner R. hatte durch eine schriftliche Erklärung vom 14. März 1903 zur Sicherung eines Guthabens, das der Klägerin ihm gegenüber zustand, sowie ferner zur Sicherung von Forderungen aus künftigen an ihn zu bewirkenden Warenlieferungen nicht nur bestimmte, bereits vorhandene Außenstände, sondern auch „die weiteren durch zukünftige Lieferungen an seine Abnehmer entstehenden Forderungen" an die Klägerin abgetreten. Nachdem über das Vermögen des R. das Konkursverfahren eröffnet worden war, erhob die Klägerin mit einer Teilklage Anspruch auf Auszahlung der von dem

[9]) S. S. 20.

[10]) RG. vom 26. April 1904 und vom 1. Oktober 1907. — Vgl. auch v. Tuhr im Bankarchiv 7 S. 278 f.; nach ihm ist zulässig: a) die Abtretung aller künftigen Forderungen gegen einen bestimmten Schuldner, b) die Verabredung, daß die Buchforderungen mit der Diskontierung der zu ihnen gehörenden Wechsel auf den Indossatar übergehen sollen. (Es erscheint mir zweifelhaft, ob es sich in diesem Falle um Abtretung künftiger Ansprüche handelt).

Konkursverwalter eingezogenen Außenstände, indem sie geltend machte, daß ein Teil hiervon sich mit den ihr abgetretenen zur Zeit der Abtretungserklärung bereits vorhandenen Außenständen decke, und daß im übrigen die eingezogenen Forderungen erst nach der Abtretungserklärung entstanden seien und daher ihr ebenfalls gehörten. In den beiden ersten Instanzen wurde der Klage entsprochen.

In dem ersten Fall hat das Reichsgericht die Klage zwar abgewiesen, aber nur aus dem Grunde, weil die Abtretung der Kundenforderungen eines öffentlichen Pfandleihers unzulässig ist; es betonte aber ausdrücklich, daß, von diesem Umstande abgesehen, die Abtretung der künftigen Ansprüche an sich gültig gewesen wäre, weil die „genügende Bestimmtheit" vorhanden gewesen sei. Im zweiten Falle dagegen erklärte das Reichsgericht die Abtretung für unwirksam, da sie der erforderlichen Bestimmtheit entbehre. Es genüge nicht, daß die künftigen Ansprüche als solche bezeichnet werden, die aus zukünftigen „Lieferungen" an die „Abnehmer" des Gemeinschuldners entstehen würden, da er Inhaber eines Bergwerks, eines Gutsbesitzes und eines Fuhrwerkgeschäftes war und außerdem einen Getreide- und Düngemittelhandel betrieb.

3. Ein verwandter Fall ist die Abtretung von Forderungen, die einem Kaufmanne aus der mit einem bestimmten Dritten bestehenden Geschäftsverbindung entstehen werden.[11]) Unzulässig wäre die Abtretung aller Ansprüche, die einem Kaufmanne in Zukunft aus der Geschäftsverbindung mit unbekannten Personen entstehen werden.

4. Abtretung von Mietzinsen aus noch nicht abgeschlossenen Mietverträgen.[12]) Zur Bestimmung genügt die Angabe des Grundstückes oder der Personen, gegen welche der Vermieter Ansprüche aus Mietverträgen haben wird. Unzulässig ist die Abtretung von Mietzinsansprüchen, welche jemand aus erst zu erwerbenden und vielleicht noch gar nicht bezeichbaren Grundstücken ziehen könnte, und die Abtretung aller Mietzinsansprüche, die der Eigentümer mehrerer Grundstücke gegen derzeit noch ganz unbestimmte Mieter haben wird. Hierher gehört der Fall, den das OLG. Hamburg entschieden hat.[13]) Es handelte sich dabei um einen Streit zwischen einem eine Mietzinsforderung pfändenden Gläubiger und einem Zessionar, dem die Einnahmen aus dem Grundstück schon vor der Vermietung abgetreten waren. Das OLG. Hamburg erklärte die Abtretung solcher künftiger Forderungen für gültig und deshalb die Pfändung für unwirksam.

5. Abtretung von Abonnementsgeldern späterer Quartale[14]) gegen bestimmte Abonnenten, auch wenn sie auf diese Quartale noch nicht abonniert haben, oder aus bestimmten Quartalen gegen unbekannte

---

[11]) Heuer in DJZ. 8 S. 29, v. Ohmeyer S. 176.

[12]) Heuer in DJZ. 8 S. 29, v. Tuhr in DJZ. 9 S. 429, Mittelstein S. 246 f., jetzt auch Oertmann, 3. Aufl., § 399 Nr. 1 g γ; teilweise a. A. v. Ohmeyer S. 176. — Gegen die Abtretbarkeit Straus in DJZ. 8 S. 342.

[13]) Entsch. vom 1. November 1901; vgl. OLG. Dresden vom 18. April 1902, OLG. Braunschweig vom 18. September 1903, OLG. Hamburg vom 18. März 1905.

[14]) v. Ohmeyer S. 176.

Abonnenten. Unzulässig wäre die Abtretung aller künftigen Abonnementsansprüche ohne Bestimmung der Abonnenten oder der Quartale. Hier schlägt ein eine Entscheidung des Reichsgerichts vom 24. Februar 1887 (bei Bolze, Pr. 4 S. 171).

6. Abtretung des Anspruchs aus einem erst noch zu gewährenden Darlehen[15]) an eine bestimmte Person oder eines Darlehens in bestimmter Höhe an eine oder mehrere noch unbestimmte Personen, nicht aber die Abtretung aller aus künftigen Darlehen gegen derzeit noch unbestimmte Personen erwachsenden Ansprüche.

7. Abtretung der Ansprüche aus einem Scheckkontoguthaben, auch der späteren Einzahlungen, wenn auf irgendwelche Weise der Grund, aus dem die Einzahlungen erfolgen sollen, bestimmt ist.

Hierfür bietet die österreichische Praxis einen interessanten Fall.[16]) Ein Verein (A.), der Lose emittierte, ließ sich von dem Losvertreiber B., welcher die vom Verein angekauften Lose weiter verkaufte, auf Abschlag des aus diesem Vertragsverhältnisse an den Verein abzuführenden Kaufschillings die nachstehenden Forderungen des B. zedieren: zunächst das Scheckkontoguthaben des B. beim Postsparkassenamte in W., sohin auch alle in der Folge auf dieses Konto von den Losabnehmern für bezogene Lose einlaufenden Beträge. Die Qualität dieser Beträge als Loserlös wurde dadurch fixiert, daß sowohl die an die Losabnehmer versandten Lose bzw. die Briefe als auch die jeweils beiliegenden Erlagsscheine mit der gleichen Nummer versehen wurden, so daß bei jeder Einlage aus dem Scheckkonto des B. festgestellt werden konnte, ob sich die Einlage auf einen Losbetrag beziehe. Ein Gläubiger des B. hat später auf einzelne Einlagen, die von Losabnehmern gemacht worden waren, Pfändung geführt und A. klagte nun auf Feststellung seines Vorrechtes. Dieses Vorrecht wurde von allen Instanzen anerkannt.

8. Abtretung von Ansprüchen, die einem Reeder aus der Verfrachtung eines bestimmten Schiffes künftig erwachsen werden.[17])

9. Abtretung künftiger Geschäftsanteile einer noch nicht gegründeten Gesellschaft mit beschränkter Haftung.[18]) Solche Rechtsgeschäfte kommen im geschäftlichen Leben häufig vor. Da die zu gründende Gesellschaft genau bezeichnet wird, so ist das künftige Recht hinreichend bestimmt und die Abtretung deshalb zulässig. Allerdings handelt es sich hier nicht um die Abtretung künftiger Ansprüche ausschließlich, sondern eines künftigen Mitgliedschaftsrechtes, das künftige Ansprüche in sich schließt. (Ähnlich liegt der Fall der Abtretung eines künftigen Geschäftsanteils vor der Kapitalserhöhung einer bestehenden Gesellschaft.)

---

[15]) v. Tuhr in DJZ. 9 S. 428, v. Ohmeyer S. 176.

[16]) Ex.-Gericht Wien vom 18. Februar 1905, CVII 2/5; LG. Wien vom 5. Mai 1905, Bc. XIV 101/5; OGH. vom 30. Juni 1905 Z. 10, 392; hier wiedergegeben nach v. Ohmeyer S. 172, vgl. auch v. Ohmeyer S. 121.

[17]) Heuer in DJZ. 8 S. 29.

[18]) Für Abtretbarkeit Staub-Hachenburg a. a. O. § 15 Nr. 41, RG. vom 5. November 1902 in Holdheims Monatsschrift für Handelsrecht und Bankwesen 12 S. 43; a. A. Lützeler a. a. O. S. 536 f.

10. Abtretung von Deliktsansprüchen aus der möglichen Beschädigung einer bestimmten versicherten Person oder Sache.[19])

Insbesondere ist die in einem Versicherungsvertrag getroffene Vereinbarung, wonach die dem Versicherten künftig gegen Dritte erwachsenden Ansprüche auf Ersatz eines von ihnen zugefügten Schadens ohne weitere Zession auf den Versicherer übergehen sollen, gültig. Der Umfang des Schadens und die Person des Schädigers braucht dabei noch nicht bekannt zu sein.

Erinnert sei hier an die Bestimmung des österreichischen Unfallversicherungsgesetzes,[20]) die eine gesetzliche Übertragung des künftigen Ersatzanspruchs des Beschädigten auf die Versicherungsanstalt festsetzt. Dadurch wird ein bestimmter Teil des Ersatzanspruchs schon jetzt auf die Versicherungsanstalt übertragen, so daß er künftig bei seinem Entstehen unmittelbar ihr zusteht und eine Verfügung des Versicherten nach dem Zeitpunkt der gesetzlichen Zession, wenn auch vor dem Eintritt des Schadens, das Recht der Versicherungsanstalt nicht beeinträchtigen kann.

Kapitel IV.

§ 12.

Die rechtliche Struktur der Abtretung bei künftigen Ansprüchen.

Die Zulässigkeit der Abtretung der verschiedenen Arten künftiger Ansprüche glauben wir durch die vorstehenden Ausführungen nachgewiesen zu haben. Es erhebt sich nun die Frage, ob die rechtliche Struktur der Abtretung bei künftigen Ansprüchen die gleiche ist wie bei der gegenwärtiger Ansprüche. Diese Frage ist zu verneinen.

Die Abtretung eines gegenwärtigen Anspruchs bedeutet eine Sonderrechtsnachfolge in das „Sollrecht". Durch den Abtretungsvertrag wird über den Anspruch verfügt, d. h. er geht unmittelbar in die Rechtssphäre eines anderen über. Übertragen wird dabei nicht das Schuldverhältnis, sondern nur die aus dem Schuldverhältnis hervorgehenden

---

[19]) v. Tuhr in DJZ. 9 S. 428, v. Ohmeyer S. 176; vgl. auch RG. vom 15. Januar 1902 im Recht 6 S. 100, NeumannsJ. 1 S. 299: „Der aus § 25 des preuß. Eisenbahngesetzes von 1838 zu leistende Schadensersatzanspruch wegen Brandbeschädigung kann schon beim Versicherungsabschluß des Eisenbahnanliegers mit der Feuersozietät an letztere mittels Bezugnahme auf die betreffende Reglementsbestimmung der Sozietät im voraus übertragen werden." Für die Zulässigkeit einer solchen Vereinbarung ferner Dernburg II, 1 S. 345, Planck § 398 Nr. 4 e, Staudinger § 398 Nr. 1 a α, Crome II § 198, 1 Anm. 4, v. Ohmeyer S. 176 Anm. 29, Entsch. des ROHG. 9 S. 165 und RG. bei Gruchot 23 S. 981. A. A. Rehbein § 398 Nr. 7 und Straus in DJZ. 8 S. 342 (er verlangt eine Abtretung nach Entstehung der Ersatzforderung; durch den Versicherungsvertrag könne nur eine Verpflichtung zur Abtretung begründet werden).

[20]) S. oben S. 32 Anm. 20.

Ansprüche.[1]) Die Abtretung eines künftigen Anspruches bewirkt gleichfalls eine Sonderrechtsnachfolge, wie bereits oben § 4 III. ausgeführt wurde, freilich erst in dem Zeitpunkt, in dem der Anspruch zur Entstehung gelangt. Im Augenblick des Vertragsschlusses kann der Anspruch noch nicht auf den Zessionar übergehen; denn in diesem Augenblick steht ja dem Zedenten selbst noch gar kein Anspruch zu. Selbstverständlich kann auch von dem Erwerb eines Anspruches gegen den Zedenten keine Rede sein; denn ein Anspruch gegen den Zedenten wird nicht durch die Abtretung, sondern durch das Kausalgeschäft erworben, und dieser Anspruch wird ja eben durch die Abtretung befriedigt. Mit dem Abtretungsvertrag rückt der Zessionar nur in eine *Rechtslage* ein, auf Grund deren er künftig den Anspruch, wenn er überhaupt zur Entstehung gelangt, unmittelbar erwirbt.

Für die Abtretung künftiger Ansprüche gelten folgende drei Sätze:

1. *Sie bewirkt unmittelbar, ohne daß es eines weiteren Rechtsaktes bedürfte, die Übertragung des künftigen Anspruches im Augenblick der Entstehung des Anspruchs.*[2])

Dieser Satz ergibt sich ohne weiteres aus der Rechtsnatur der Abtretung als einer Verfügung über den Anspruch. Bereits in § 1 wurde auf den wichtigen Unterschied zwischen Verfügungs- und Verpflichtungsgeschäften hingewiesen. Die Abtretung als eine Verfügung hat also gewissermaßen dingliche Wirkung,[3]) insofern sie den Anspruch unmittelbar, ohne daß eine Handlung des Schuldners nötig wäre, ergreift, und gleichzeitig absolute Wirkung, indem sie ihre Wirkung nicht nur unter den Vertragsschließenden, sondern auch gegen Dritte äußert. Diese Wirkungen kann der Abtretungsvertrag erst in dem Zeitpunkt ausüben, in dem der Anspruch zur Entstehung gelangt. Dieser Zeitpunkt ist auch maßgebend für die Frage, in welchem Umfange Nebenrechte mitübergehen und Einwendungen zulässig sind (s. darüber unten).

2. *Der Anspruch entsteht zwar in der Person des bisherigen Gläubigers, geht aber sofort auf den neuen Gläubiger über.*[4])

Die antizipative Verfügung über den Anspruch kann nach Satz 1 den Anspruch erst in dem Augenblick seiner Entstehung ergreifen. Wenn nun der Anspruch entsteht, so vollzieht sich sein Erwerb durch den Verfügenden nur gedankenmäßig, er ist nur Durchgangsperson; denn in dem Augenblick der Entstehung äußert die antizipative Verfügung ihre

---

[1]) Ebenso *Fischer-Henle* § 398 Nr. 1, *Schollmeyer* § 398 Nr. 2; teilweise a. A. *Stammler* S. 186; vgl. auch RG. vom 23. Januar 1904 bei Gruchot 48 S. 892 f.

[2]) Ebenso *Staub-Hachenburg* a. a. O. § 15 Nr. 41, *Enneccerus* I S. 767 Anm. 11, *Planck* § 398 Nr. 4e, v. *Tuhr* in DJZ. 9 S. 426 und im Bankarchiv 7 S. 277, RG. vom 1. Oktober 1907. Dagegen *Eccius* bei Gruchot 53 S. 2.

[3]) Ohne aber natürlich ein dinglicher Vertrag zu sein; vgl. § 4 I.

[4]) Ebenso *Planck* § 398 Nr. 4e, *Staudinger* § 398 Nr. 1 a α, v. *Ohmeyer* S. 217 f., jetzt auch *Oertmann*, 3. Aufl. § 399 Nr. 1 g γ.

Wirkung, sie ergreift den Anspruch unmittelbar und bewirkt seine Übertragung auf den Zessionar.

Diese Konstruktion der Abtretung künftiger Ansprüche ist nicht ohne Widerspruch geblieben. Nach der Meinung einiger Autoren[5]) soll nicht einmal dieser gedankenmäßige Durchgang des anticipando abgetretenen Anspruches durch die Person des Verfügenden erfolgen, sondern er soll von vornherein in der Person des Zessionars entstehen. Der Zedent sei keinen Augenblick Inhaber des Anspruches: weder im Zeitpunkt der Abtretung, da jetzt ein Anspruch überhaupt noch nicht bestehe, noch im Zeitpunkt der Entstehung, weil er eben infolge der antizipativen Abtretung nicht mehr in der Person des Zedenten, sondern in der des Zessionars zur Entstehung komme. Man könne also bei der Abtretung künftiger Ansprüche überhaupt nicht von Übertragung, sondern nur von einem der Übertragung von Rechten ähnlichen Vorgang sprechen und daher auch nicht von einem „bisherigen" oder „ursprünglichen" Gläubiger, sondern nur von dem, welcher Gläubiger geworden wäre, wenn der Anspruch nicht anticipando abgetreten worden wäre. Es liege hier einer der Fälle vor, bei denen Tatbestand und rechtliche Wirkung nicht in der gleichen Person eintreten. Wenn in der Person des Zedenten die Erfordernisse für das Entstehen eines Anspruchs einträten, komme der Anspruch eben infolge der Vorausverfügung in der Person des Zessionars zur Entstehung, obgleich natürlich der Zedent bei der Begründung des Anspruchs im eigenen Namen handle. Wenn dem Schuldner in diesem Falle vom ersten Augenblick an ein anderer als Gläubiger entgegenträte, so sei dies nicht verwunderlich, da er nach dem Gesetz es sich auch gefallen lassen müsse, daß ohne seine Zustimmung ihm nach Entstehung des Anspruches ein anderer als Gläubiger aufgedrängt werde.

Die wichtigste Frage, die sich aus der Konstruktion beantworten lassen muß, ist die nach der Zulässigkeit von Einwendungen seitens des Schuldners. Wenn man nun annimmt, daß der Anspruch in der Person des Zedenten entsteht, so folgt daraus ungezwungen, daß der Zessionar den Anspruch so erwirbt, wie ihn der Zedent im Augenblick seiner Entstehung erworben hätte, also mit allen Vorzügen, aber auch mit allen Schwächen. Daraus ergibt sich zweierlei. Einerseits gehen auf den neuen Gläubiger auch die Nebenrechte über und zwar nach Satz 1 diejenigen, die zur Zeit des Entstehens bestehen, also nicht diejenigen, die in der Zeit nach der Abtretung, aber vor der Entstehung des Anspruches erloschen sind, dafür aber auch diejenigen,

---

[5]) So v. Tuhr in DJZ. 9 S. 429 f. und im Bankarchiv 7 S. 277, Hellwig, Verträge auf Leistung an Dritte S. 433 (die Verfügung über künftige Mietzinsforderungen „setzt voraus, daß die Verhältnisse sich so gestalten, daß die zedierte Forderung dem Vermieter zustehen würde, wenn die Zession nicht stattgefunden hätte"), Grünebaum in DJZ. 10 S. 802 („Die Forderung entsteht eigentlich erst in der Person des Drittgläubigers künftighin"), Kohler, Lehrbuch I S. 562 Anm. 3 („Die Forderung springt sofort auf den Zessionar über, ohne sich beim Zedenten niederzusetzen". Vgl. auch Prozeß als Rechtsverhältnis S. 85: „. . . Es ist möglich künftige Forderungen zu zedieren, aber natürlich nur unter der Voraussetzung, daß die künftige Forderung in der Person des Zedenten entsteht").

die erst in dieser Zeit neu bestellt worden sind. Auf der anderen Seite kann der Schuldner dem neuen Gläubiger sowohl alle Einwendungen entgegensetzen, die bis zur Zeit der Abtretung gegen den bisherigen Gläubiger begründet waren, als auch diejenigen, die in der Zeit von der Abtretung bis zur Entstehung des Anspruches dessen Entstehen in der Person des Zedenten verhindert hätten. Insbesondere kann er auch mit Gegenforderungen gegen den bisherigen Gläubiger aufrechnen, es sei denn, daß er bei dem Erwerb des Anspruchs von der antizipativen Abtretung Kenntnis hatte. Auch hier kommen nicht nur solche Forderungen in Betracht, die dem Schuldner bei der Abtretung gegen den bisherigen Gläubiger zustanden, sondern alle, die ihm bis zur Entstehung des Anspruchs gegen diesen erwachsen sind. Ferner muß der neue Gläubiger, solange der Schuldner von der antizipativen Abtretung keine Kenntnis hat, eine Leistung an den Zedenten oder ein Rechtsgeschäft über den Anspruch zwischen Schuldner und Zedenten gegen sich gelten lassen. Zeigt der Zedent aber dem Schuldner, sobald es ihm eben möglich ist, die bereits vorgenommene Abtretung an, so erhält der Zessionar diesem gegenüber die Stellung des alleinigen Gläubigers. Der Zedent muß sogar die angezeigte Abtretung gegen sich gelten lassen, auch wenn sie nicht wirksam (z. B. simuliert) ist. Die Vorschriften der §§ 401, 404, 406, 407, 409 finden also ohne Schwierigkeit auch bei der Abtretung künftiger Ansprüche Anwendung.[6]) Dieses Ergebnis entspricht ohne Zweifel der Billigkeit; denn der Schuldner darf durch die antizipierte Abtretung nicht schlechter gestellt werden, wie wenn der Anspruch erst nach seiner Entstehung abgetreten worden wäre.

Aus diesem Grunde bemüht sich auch die Gegenmeinung zu diesem Ergebnis zu kommen, allein es gelingt ihr nur auf weniger einfache Weise. Aus der Konstruktion der Gegner läßt sich wohl auch ableiten, daß der Anspruch, auch wenn er unmittelbar in der Person des Zessionars zur Entstehung gelangt, nur so erworben wird, wie ihn der Zedent im Augenblick der Verfügung erworben hätte, daß also der Zessionar die eine Gruppe von Nebenrechten miterwirbt und diejenigen Einwendungen gegen sich gelten lassen muß, die zur Zeit der Abtretung gegen den bisherigen Gläubiger begründet waren. Schwierigkeiten bereitet dieser Konstruktion aber die Begründung, warum der neue Gläubiger auch diejenigen Nebenrechte hat, die erst in der Zeit von der Abtretung bis zur Entstehung des Anspruchs entstanden sind, und diejenigen nicht, die in dieser Zeit erloschen sind, und warum der

---

[6]) Darnach ist auch der von Grünebaum (in DJZ. 10 S. 801) mitgeteilte Fall zu entscheiden. Jemand hatte die monatsweise zahlbare Mietsforderung seines Schuldners für einige Monate im voraus pfänden und sich überweisen lassen. Während dieser Zeit wurde nach Zustellung des Beschlusses ein Teil der Wohnung unbrauchbar, in einem anderen Teil derselben ergab sich die Notwendigkeit Mängel zu beseitigen. Nachdem der Mieter den Vermieter vergeblich hierzu aufgefordert hatte, nahm er die Arbeiten selbst vor und wollte nun sowohl den Abzug wegen teilweiser Unbrauchbarkeit als auch den Ersatzanspruch für seine Aufwendungen dem Pfandgläubiger entgegenhalten (§§ 537, 538 Abs. 2). Zu beiden Einwendungen war der Mieter auch dem Pfandgläubiger gegenüber berechtigt.

Schuldner dem neuen Gläubiger auch diejenigen Einwendungen entgegensetzen darf, die er erst in dieser Zeit gegen den Verfügenden erworben hat. Auf den unbilligen und daher unhaltbaren Standpunkt, daß sie diese Gruppe von Einwendungen und Nebenrechten ganz ausschlössen, mögen sich natürlich die Gegner nicht stellen. Um nun die Zulässigkeit auch dieser Nebenrechte und Einwendungen ohne die Annahme eines Durchganges des Anspruches durch die Person des Verfügenden erklären zu können, sind sie genötigt die Analogie als letzte Rettung herbeizurufen. Damit ist aber das Urteil über den Wert dieser Konstruktion gesprochen: sie kommt auch zu keinem anderen Ergebnis wie die hier verfochtene Theorie, kann dies aber nur auf dem gekünstelten Wege der Analogie erreichen, während sich das gleiche Ergebnis aus der anderen Konstruktion ungezwungen ergibt.

Außer diesen theoretischen Einwänden sprechen gegen die gegnerische Meinung auch praktische Bedenken. Zunächst wem gegenüber ist die Erklärung abzugeben, wenn die Entstehung des Anspruchs auf Grund der §§ 119, 120 BGB. angefochten werden soll? Die Frage ist auch bei der Abtretung gegenwärtiger Ansprüche nicht unbestritten. Solange der Schuldner die Abtretung nicht kennt, muß selbstverständlich die Abtretung gegenüber dem bisherigen Gläubiger geltend gemacht werden (§ 407). Aber auch nach der Anzeige der Abtretung verlangt die herrschende Meinung und, wie mir scheint, mit Recht, daß der Schuldner die Anfechtungserklärung gegenüber dem bisherigen Gläubiger abgibt;[7]) denn die Anfechtung richtet sich in erster Linie nicht gegen den abgetretenen Einzelanspruch, als vielmehr gegen das Grundverhältnis, das sie beseitigen will. Mit dessen Beseitigung erlischt nach § 142 auch der daraus erwachsene Einzelanspruch; ein gutgläubiger Erwerb kommt bei Abtretung von Forderungen ja grundsätzlich nicht in Betracht.[8]) Deshalb kann der Schuldner auch dem neuen Gläubiger eine nach der Abtretung gegenüber dem bisherigen Gläubiger vollzogene Anfechtung entgegenhalten.[9]) Wer ist nun bei der Abtretung künftiger Ansprüche Anfechtungsgegner? Nimmt man den Durchgang des Anspruchs durch die Person des Zedenten an, so kann auch bei künftigen Ansprüchen die Anfechtungserklärung ihm gegenüber abgegeben werden; sie wäre also gerade so zu behandeln wie die Anfechtung bei gegenwärtigen Ansprüchen. Schaltet man aber mit der Gegenmeinung den Verfügenden ganz aus und läßt man den Anspruch unmittelbar in der Person des Zessionars entstehen, so muß wohl auch die Anfechtung ihm gegenüber erfolgen; denn wenn der Verfügende mit dem Anspruch niemals etwas

---

[7]) So Oertmann § 143 Nr. 2 a α und § 404 Nr. 2 S. 275 (vgl. aber auch die 1. Aufl. § 404 Nr. 2 S. 126), Langheineken S. 317, Fischer-Henle § 143 Nr. 3, § 404 Nr. 1, Hellwig, Anspruch und Klagerecht S. 17, Stammler, Hallenser Festgabe für Dernburg S. 109, RG. vom 1. Mai 1906, abgedruckt in DJZ. 11 S. 823 und JW. 1906 S. 379 f. A. A. Staudinger § 404 Nr. 2 b α (gegen Zedenten oder Zessionar), Endemann I § 152 S. 677, § 75 S. 321 Anm. 1.

[8]) Oertmann § 142 Nr. 2 b γ.

[9]) Langheineken S. 317, Matthiaß I § 100 S. 454, Planck § 404 Nr. 1, 1, Staudinger § 404 Nr. 3, Schollmeyer § 404 Nr. 1, 2.

zu tun hatte, hätte es doch wenig Sinn zu verlangen, daß ihm gegenüber die Anfechtungserklärung abgegeben werden müßte. Dadurch wird aber die Gegenmeinung gezwungen für die Abtretung künftiger Ansprüche andere Vorschriften aufzustellen wie für die gegenwärtiger; andererseits dürfte eine Anfechtungserklärung gegenüber dem Zessionar schwer mit dem Wortlaut des § 143 Abs. 2, nach dem Anfechtungsgegner bei einem Vertrag der andere Teil, d. h. der Gegenkontrahent, ist, in Übereinstimmung zu bringen sein.[10])

In noch größere Schwierigkeiten kommt die Gegenmeinung im Falle der Anfechtung des Abtretungsvertrages selbst. Der Übertragungsakt wird dadurch von Anfang an nichtig. Nach unserer Konstruktion ergibt sich leicht, daß der Anspruch an den Zedenten, der ja schon einmal Inhaber des Anspruchs war, zurückfällt und zwar so, wie er im Zeitpunkt der Entstehung ihm zugestanden war. Allenfallsige spätere Belastungen des Anspruchs durch den Zessionar sind nichtig. Wie will nun die Gegenmeinung zu diesem doch offenbar der Billigkeit entsprechenden Ergebnis kommen? Wenn der Abtretungsakt nichtig wird, soll doch der Anspruch dem Verfügenden zustehen. Allein auf welche Weise will man dies konstruieren, da doch der Anspruch in der Person des Zessionars entstanden ist, so daß er dessen erster Inhaber war, und ein rechtlicher Zustand, daß der Anspruch dem Zedenten zugestanden wäre, früher nie bestanden hat? Bedarf es einer Rückübertragung seitens des Zessionars an den Zedenten? Stellt man diese Forderung auf, dann bestünde für den Verfügenden die Gefahr, daß der Anspruch mit Rechten Dritter belastet auf ihn übertragen würde; denn die Rechtsgeschäfte, durch die der erste Erwerber den Anspruch belastet hat, würden dann wohl von der Anfechtung nicht berührt.

Aus theoretischen wie praktischen Gründen dürfte somit die hier vertretene Ansicht den Vorzug verdienen, daß bei der Entstehung eines anticipando abgetretenen Anspruches ein wenn auch nur gedankenmäßiger Durchgang durch die Person des Abtretenden erfolgt. Insbesondere dürfte bei dieser Konstruktion nicht der Einwand erhoben werden können, daß die Abtretung künftiger Ansprüche sich nicht mit dem Wesen der Abtretung als einer Sonderrechtsnachfolge in einen Anspruch vereinbaren lasse (s. oben § 4 III).

3. **Der antizipative Abtretungsakt bestimmt das Datum des abgetretenen künftigen Anspruchs.**

Wenn auch die antizipative Verfügung den Anspruch erst bei seiner Entstehung ergreifen kann, so kommt doch überall da, wo es für den rechtlichen Verkehr auf das Alter des Anspruchs ankommt, nicht der Zeitpunkt seiner Entstehung, sondern der der Vorausverfügung in Betracht. In diesem Augenblicke muß der Verfügende geschäftsfähig und zu einer Verfügung über den Anspruch berechtigt sein, von einer Konvaleszenz der Verfügungen Nichtberechtigter abgesehen. Nach diesem Zeitpunkt ist insbesondere die Frage zu entscheiden, welchen Rang mehrere Rechte, die an dem künftigen Anspruch gegen den Verfügenden

---

[10]) Vgl. Oertmann § 143 Nr. 2 a α und β.

bestehen, einnehmen. Auch hier gilt der Grundsatz: prior tempore, potior jure.[11]). Freilich ergreifen diese mehreren Vorausverfügungen den Gegenstand zu gleicher Zeit, eben mit seiner Entstehung, allein sie ordnen sich sofort in die durch das Datum der Vorausverfügungen bestimmte Reihenfolge, so daß also die frühere Verfügung über den künftigen Anspruch den Vorrang hat gegenüber der späteren. Hat also z. B. jemand einen künftigen Anspruch verpfändet und dann erst abgetreten, so werden mit dem Entstehen des Anspruchs Verpfändung und Abtretung wirksam, das Pfandrecht hat aber den Vorrang und bleibt also an dem nun einem Dritten zustehenden Anspruch bestehen. (Der Dritte muß die Verpfändung auch dann gegen sich gelten lassen, wenn er hiervon keine Kenntnis beim Erwerb des Anspruchs hatte, also gutgläubig war; denn § 936 findet keine Anwendung, da er sich nur auf Sachen im Sinne des § 90 bezieht). Anders wäre der umgekehrte Fall zu entscheiden. Würde der Anspruch zuerst abgetreten und dann vom Zedenten verpfändet, so könnte die Verpfändung den Anspruch nicht mehr ergreifen; denn er ist mit der Abtretung dem Vermögen des Abtretenden entzogen. Würde ein Gläubiger des Zedenten den künftigen Anspruch nach seiner Abtretung pfänden lassen, so wäre der Zessionar für die Widerspruchsklage aus § 771 ZPO. aktiv legitimiert.[12]) (Auch dem Pfändungsgläubiger kann sein guter Glaube nichts nützen.) Ebenso wäre ein Verzicht des Zedenten auf den bereits abgetretenen künftigen Anspruch gegenüber dem Zessionar unwirksam, da er eine spätere Verfügung wäre.[13])

Aus dem obigen Satze lassen sich auch die beiden Fragen beantworten, durch deren bloßes Aufwerfen Eccius[14]) die Theorie von der Abtretbarkeit künftiger Ansprüche ad absurdum zu führen glaubte.

a) Eine möglicherweise künftig entstehende Forderung ist von dem künftig möglichen Gläubiger hintereinander an A. und B. abgetreten, die Forderung entsteht — wem steht sie zu, dem ersten Zessionar A. oder beiden oder niemand?

Auch hier hat derjenige das bessere Recht, dem die Forderung zuerst abgetreten worden ist, der jüngere Zessionar steht also dem älteren stets nach und dies selbst dann, wenn der jüngere Zessionar dem Schuldner von der Abtretung an ihn eher benachrichtigt, als der Schuldner von der früheren Abtretung Kenntnis erhält. Dabei finden die Vorschriften des § 408 bei mehrmaliger Abtretung künftiger Ansprüche gerade so Anwendung wie bei gegenwärtigen Ansprüchen.[15]) (Auch in diesem Falle könnte sich der jüngere Zessionar nicht auf seinen guten Glauben berufen.)

---

[11]) Dies ergibt sich auch aus der analogen Anwendung von § 185 Abs. 2 Satz 2. Dagegen Eccius bei Gruchot 53 S. 6.

[12]) Vgl. OLG. Hamburg vom 1. November 1901; s. oben S. 63.

[13]) Oertmann, 3. Aufl. § 399 Nr. 1 g γ.

[14]) In DJZ. 9 S. 56 (vgl. auch bei Gruchot 53 S. 7).

[15]) Ebenso Planck § 398 Nr. 4 e, Lippmann in DJZ. 9 S. 257, v. Tuhr in DJZ. 9 S. 431 und im Bankarchiv 7 S. 277, Grünebaum im Recht 13 S. 663.

b) Der in Aussicht genommene Vertrag wird geschlossen, nachdem die Rechte daraus dem X. abgetreten sind. Nachher gehen die Vertragsschließenden von dem Vertrag ab. Sie schließen einen neuen Vertrag. Dieser wird von dem Zedenten erfüllt. Wie steht X?

Aus der ziemlich unklaren Fragestellung geht nicht mit Sicherheit hervor, welchen Fall Eccius im Auge hat. Man kann entweder an den Fall denken, daß der Zedent ausschließlich in der Absicht, dem Zessionar die durch die antizipative Abtretung übertragenen Ansprüche wieder zu entziehen, den ersten Vertrag aufhebt und an dessen Stelle einen neuen Vertrag mit dem gleichen Kontrahenten schließt, der aber seinem Inhalt nach mit dem alten identisch ist. In diesem Falle kann der Zedent nicht mehr dem Zessionar, der durch die Vorausverfügung bereits in einem früheren Zeitpunkt berechtigt war, die dadurch erworbenen Rechte wieder entreißen; denn es läge darin eine vorsätzliche Schadenszufügung in einer gegen die guten Sitten verstoßenden Weise, der Zedent wäre somit nach § 826 schadensersatzpflichtig, er hätte also nach § 249 den Zustand wieder herzustellen, der bestehen würde, wenn der zweite Vertrag nicht geschlossen worden wäre. Auch in dem Verhalten des Schuldners kann unter Umständen ein Verstoß gegen die guten Sitten liegen.[16]) Regelmäßig kann aber der Vertragsgegner des Zedenten trotz einer antizipativen Verfügung eine Abtretung der Ansprüche aus dem Vertrag nach § 399 ausschließen, wodurch die antizipierte Abtretung ihrer Wirkung beraubt wird. Dazu ist der Vertragsgegner berechtigt, und wenn er sich ohne diese Bestimmung auf den Vertrag nicht einlassen will, liegt für den Zedenten der Tatbestand des § 826 nicht vor.[17]) Oder aber Eccius meint den Fall, daß der erste Vertrag aufgehoben wird, weil der Gegenkontrahent einen neuen Vertrag mit einem ganz anderen Inhalt schließen will. Hat dieser zweite Vertrag eine ganz andere Leistung zum Gegenstande als der alte, aus dem die Ansprüche im voraus abgetreten worden waren, so kann der Zessionar aus diesem neuen, mit dem alten nicht identischen Vertrag keine Rechte herleiten; denn durch die antizipative Abtretung darf der Zedent nicht in der Freiheit seiner wirtschaftlichen Betätigung beschränkt werden,[18]) und für den Zessionar einer künftigen Forderung bleibt eine solche Abtretung

---

[16]) Nach OLG. München vom 6. Februar 1909 ist es nicht einmal nötig, daß der Schuldner es **nur** auf die Schädigung des Zessionars abgesehen hat, vielmehr genügt das Bewußtsein, daß das seine eigenen Interessen fördernde Abkommen gegen die guten Sitten verstoße und den Zessionar schädige.

[17]) **Grünebaum** im Recht 13 S. 663, RGSt. vom 20. September 1907: „Wer sich eine noch nicht entstandene künftige Forderung abtreten läßt, ist nicht dagegen gesichert, daß der Zedent vor oder bei Begründung der abgetretenen Forderung mit dem Schuldner deren Unabtretbarkeit gemäß § 399 BGB. vereinbart.“ Vgl. **Eccius** bei Gruchot 53 S. 5.

[18]) Ebenso **Lippmann** in DJZ. 9 S. 258; vgl. auch Urteil des OLG. München vom 6. Februar 1909: „Die Abtretung künftiger Mietzinsforderungen steht der Aufhebung oder Änderung des Mietvertrags zwischen Vermieter und Mieter nicht entgegen“ (ebenso **Mittelstein** S. 246, **Oertmann**, 3. Aufl. § 399 Nr. 1 g γ S. 314). Diese Möglichkeit besteht nicht nur nach Maßgabe der §§ 407—408. Ist jedoch der Aufhebungsvertrag nur simuliert, um dem Zessionar seine Rechte zu entreißen, so ist er selbstverständlich nichtig.

immer ein gewagtes Geschäft. Da es sich in diesen Fällen juristisch nicht um eine Verpfändung handelt, ist die Anwendung des § 1276 BGB. ausgeschlossen.

Schließlich ergibt sich aus Satz 3 auch die Entscheidung des Falles, daß über das Vermögen des Abtretenden nach der Abtretung, jedoch vor der Entstehung des Anspruches der Konkurs eröffnet wird.[19]) Da sich das Alter des Rechtes des Zessionars nicht nach dem Zeitpunkt der Entstehung, sondern nach dem der Verfügung bestimmt, ist der Anspruch schon mit diesem Augenblick in das Vermögen des Zessionars übergegangen, er gehört nicht mehr zur Konkursmasse, der Zessionar hat also ein Aussonderungsrecht,[20]) bzw. wenn der Konkursverwalter ihn eingezogen hat, nach KO. § 46 einen Anspruch auf den Erlös aus der Masse. Scheint dies nun nicht mit der hier vertretenen Theorie eines Durchganges des Anspruchs durch die Person des Zedenten in Widerspruch zu stehen? Ich glaube nicht. Diese Theorie behauptet doch nur, daß der Anspruch noch in der Person des Zedenten entsteht; dieser Durchgang erfolgt aber nur gedankenmäßig; denn der Anspruch kann gar nicht mehr in dessen Vermögen fallen, da ihn sofort mit seiner Entstehung die antizipative Verfügung wirksam ergreift. Wenn daher auch, rein tatsächlich betrachtet, der Rechtserwerb des Zessionars erst nach der Konkurseröffnung eintritt, so vollzieht sich dieser Erwerb doch — und dies gibt den Ausschlag — auf Grund der vor der Konkurseröffnung erfolgten Verfügung des Zedenten, die den unmittelbaren Übergang des künftig entstehenden Anspruches aus seinem Vermögen in das des Zessionars bewirkt. Die Tatsache, daß der Zessionar im Konkurse des Zedenten auch bei künftigen Ansprüchen ein Aussonderungsrecht hat, scheint mir nicht zu der Annahme zu nötigen, daß der Anspruch in der Person des Zessionars zur Entstehung gelange.

Kapitel V.

Die Verpfändbarkeit und Pfändbarkeit künftiger Ansprüche.

§ 13.

Die Verpfändbarkeit künftiger Ansprüche.

Nach § 1274 Abs. 2 kann an einem Rechte, soweit es nicht übertragbar ist, ein Pfandrecht nicht bestellt werden. Daraus folgt aber nicht ohne weiteres die Umkehrung, daß jedes Recht, soweit es über-

[19]) Dieser Satz ist auch wichtig für den Fall, daß die Abtretung von einem Gläubiger angefochten wird. Für die Zahlungseinstellung ist der Zeitpunkt der Abtretung maßgebend, nicht der der Entstehung des Anspruches. Die Anfechtung ist ausgeschlossen, wenn der Abtretungsakt vor der in der KO. bestimmten Zeit erfolgt ist, auch wenn die Entstehung des Anspruches noch in jene Zeit fällt. Vgl. OLG. Dresden vom 28. November 1906. A. A. Grünebaum im Recht 13 S. 664.

[20]) Ebenso v. Tuhr im Bankarchiv 7 S. 277; a. A. Hellmann, Konkursrecht S. 138, Grünebaum im Recht 13 S. 664. Vgl. OLG. Hamburg vom 4. April 1905 (kein Aussonderungsrecht, wenn die Forderung erst durch ein Rechtsgeschäft des Konkursverwalters entsteht).

tragbar ist, verpfändet werden kann. Es ist in jedem zweifelhaften Falle eine besondere Untersuchung daraufhin nötig. Wenn also nach der hier verteidigten Ansicht künftige Rechte abtretbar sind, so muß doch noch die Frage erörtert werden, ob sie auch verpfändbar sind. Auf den ersten Blick dürfte man geneigt sein, aus den gleichen Gründen, die für die Abtretbarkeit sprechen, auch die Verpfändbarkeit künftiger Ansprüche zu bejahen. Überdies wird ein Pfandrecht an Rechten nach § 1274 Abs. 1 nach den für die Übertragung des Rechtes geltenden Vorschriften bestellt und der Pfandgläubiger einer Forderung ist nach Eintritt der Verwertungsbefugnis entweder nach § 1282 zur selbständigen „Einziehung" des Anspruches, insoweit er zu seiner Befriedigung erforderlich ist, berechtigt oder er kann insoweit Abtretung an Zahlungs Statt verlangen (§ 1282 Abs. 1 Satz 3) oder er kann nach § 1277 seine Befriedigung aus dem verpfändeten Anspruch im Wege der Zwangsvollstreckung suchen, in welchem Falle besonders eine Überweisung in Betracht käme. (Einer Pfändung des bereits verpfändeten Anspruches bedarf es nicht mehr). Die Stellung des Pfandgläubigers eines Rechtes hat also manche Ähnlichkeit mit der des Zessionars.[1]) Es besteht auch in der Tat kein grundsätzlicher Unterschied zwischen den beiden Fällen. Weder der Begriff der Verpfändung noch der des künftigen Anspruches stehen im Wege. Allein in Rücksicht auf eine Formvorschrift des positiven Rechtes muß hier eine bedeutende Einschränkung gemacht werden. Zur Sicherung der Publizität des Pfandrechtes bestimmt der § 1280 für dessen Bestellung an gewöhnlichen Forderungen eine wichtige Ausnahme. Er schreibt nämlich vor, daß die Verpfändung einer Forderung, zu deren Übertragung der Abtretungsvertrag genügt, nur wirksam ist, wenn der Gläubiger (der zu verpfändenden Forderung)[2]) sie dem Schuldner anzeigt. Es genügt also, anders als bei der Zession, nicht einmal, daß der Schuldner in anderer Weise als auf dem Wege dieser Anzeige Kenntnis von der Verpfändung erhält.

Durch dieses Formerfordernis wird der Kreis der verpfändbaren künftigen Ansprüche sehr verengert. Es kann doch nicht einem beliebigen Dritten, der zur Zeit noch in gar keinem rechtlichen Verhältnis mit dem Pfandbesteller steht, der aber möglicherweise einmal dessen künftiger Schuldner wird, zugemutet werden, daß er, bevor ein rechtliches Band zwischen ihm und dem Pfandbesteller geknüpft ist, eine Denunziation von einer antizipativen Pfändung entgegennehmen muß und daß er daraufhin zur Wahrung der Interessen eines Dritten verpflichtet ist.

---

[1]) Wegen der Ähnlichkeit zwischen beiden sprach man im gemeinen Recht bei der Forderungsverpfändung von einer „bedingten" oder „eventuellen" Zession (so Mühlenbruch, Puchta) oder von einer „beschränkten" Zession (so Dernburg, Exner) oder von einer eigenen Spezies der Zession (so Skonietzki) oder einer „kooptierenden" Zession (so Hellwig). Vgl. über diese lebhaft bestrittene Frage Dernburg, Pand. I § 292, Pfandrecht I S. 462 und Bürg. Recht III § 280, Hellwig, Verpfändung und Pfändung von Forderungen S. 54 f., Windscheid-Kipp I § 239 S. 1215 f., bes. Anm. 10 (Windscheid ist gegen die Anwendung des Zessionsbegriffes auf die Forderungsverpfändung).

[2]) RG. bei Gruchot 49 S. 102.

Eine derartige Einschränkung der freien wirtschaftlichen Betätigung eines Dritten ist unzulässig. In allen Fällen, in denen die Annahme der Verpfändungserklärung einem Dritten nicht zugemutet werden kann, in denen also die Formvorschrift des § 1280 nicht beachtet werden kann, ist daher eine Verpfändung des künftigen Anspruches nicht zulässig, aber lediglich aus diesem Grunde. Als künftige Ansprüche, bei denen die Denunziation rechtliche Bedeutung hat, dürften regelmäßig nur solche aus bestehendem Grundverhältnis in Betracht kommen. Die Verpfändung künftiger Ansprüche, zu denen noch nicht der Grund gelegt ist, ist dagegen ausgeschlossen.[3])

Die im Gesetze erwähnten Fälle von Verpfändungen künftiger Ansprüche beziehen sich ausschließlich auf solche aus bestehendem Grundverhältnis. Sieht man in der Bestimmung des § 571 eine gesetzliche Zession,[4]) so ist in § 573 die Möglichkeit der Verpfändung künftiger Ansprüche aus bestehendem Grundverhältnis anerkannt; diese Bestimmung bezieht sich auch auf Verpfändungen.[5]) Ebenso gehen § 1124 Abs. 2 und KO. § 21 Abs. 2 von der begrifflichen Möglichkeit einer Verpfändung solcher Ansprüche aus.[6])

In der Literatur ist die Frage sehr bestritten. Die hier vertretene Ansicht spricht auch ein Beschluß des Kammergerichts vom 16. Januar 1905 und v. Ohmeyer[7]) aus, letzterer für das österreichische Recht, in dem aber die gleiche Formvorschrift besteht. Die herrschende Meinung ist, wie es scheint, für Verpfändbarkeit aller künftigen Ansprüche.[8]) Gegen ihre Verpfändbarkeit haben sich grundsätzlich nur wenige Schriftsteller

---

[3]) Staub-Hachenburg a. a. O. Exkurs I zu § 15 Anm. 1 hält künftige Geschäftsanteile einer noch nicht gegründeten Gesellschaft m. b. H. für verpfändbar. Obwohl es sich hier um künftige Rechte aus einem noch nicht bestehenden Rechtsverhältnis handelt, liegt darin mit unserer Auffassung insofern kein Widerspruch, da nach Staub-Hachenburg (ebenso RG. vom 26. April 1904 in RGE. 57 S. 414; a. A. Merzbacher § 15 Anm. 2 und Liebmann § 16 Anm. 16) bei der Verpfändung eines Geschäftsanteils das Erfordernis des § 1280 BGB. wegfällt; der Geschäftsanteil sei keine Forderung, sondern ein Mitgliedschaftsrecht, das allerdings Forderungen in sich schließe, und die Gesellschaft sei durch §§ 1275, 407 BGB. genügend geschützt. Vorausgesetzt, daß man das Erfordernis des § 1280 im vorliegenden Falle nicht für notwendig hält, stimmt die Ansicht Staub-Hachenburgs vollständig mit der hier vertretenen überein.

[4]) S. oben S. 29.

[5]) Vgl. Oertmann § 573 Nr. 2.

[6]) Erinnert sei auch an die Bestimmung des preuß. Eigentumserwerbsgesetzes (s. oben S. 31 Anm. 13) und die Fälle der Verpfändung künftiger Steuern und anderer Staatseinnahmen (vgl. v. Eheberg, Finanzwissenschaft § 208 S. 454 f.). — Vgl. auch HGB. § 680 Abs. 5.

[7]) S. 178 f.; ebenso Mittelstein S. 247; vgl. OLG. Hamburg vom 4. April 1905.

[8]) So v. Tuhr in DJZ. 9 S. 431 und im Bankarchiv 7 S. 278, „wenn die Form des § 1280 gewahrt werden kann“; diese könne gewahrt werden, wenn der Pfandgläubiger weiß, an wem er denunzieren soll; v. Tuhr nimmt also an, daß jeder beliebige Dritte an die Denunziation gebunden ist; in dem von ihm angeführten Beispiel — C will dem D ein Darlehen gewähren und seine künftige Forderung dem X verpfänden — muß übrigens nicht X, wie v. Tuhr irrtümlich angibt, sondern C denunzieren; Heuer in DJZ. 8 S. 29,

ausgesprochen und bei diesen richtet sich sehr wahrscheinlich nach dem Zusammenhange die Stelle in erster Linie nicht gegen die Verpfändung künftiger Rechte, als vielmehr gegen die im gemeinen Rechte bestehende Möglichkeit gewisse Rechte in der Weise zu verpfänden, daß der Pfandgläubiger die Befugnis hat ein noch nicht bestehendes Recht neu zu begründen.[9])

§ 14.

Die Pfändbarkeit künftiger Ansprüche.

Von der Frage, ob und inwieweit künftige Ansprüche im Wege des freien Verkehrs verpfändbar sind, ist die Frage verschieden, ob sie auch im Wege der Zwangsvollstreckung pfändbar und überweisbar sind; denn der Kreis der unübertragbaren Ansprüche deckt sich trotz § 400 BGB. und § 851 ZPO. nicht ganz mit dem der unpfändbaren Ansprüche. Es gibt unübertragbare Ansprüche, die ausnahmsweise pfändbar sind, und umgekehrt unpfändbare Ansprüche, die ausnahmsweise übertragbar sind.[1]) Es bedarf also hinsichtlich der künftigen Ansprüche, auch wenn man ihre Übertragbarkeit behauptet, noch einer besonderen Untersuchung, ob sie auch pfändbar sind.

Lippmann in DJZ. 8 S. 471, Grünebaum in DJZ. 10 S. 801 f. und im Recht 13 S. 660 („da die Begründungsform nicht im Wege steht"); dafür wohl auch Marcus in DJZ. 9 S. 400 f. und Dernburg III S. 907: „Künftige Sachen sind verpfändbar. Aber die Verpfändung ist bedingt durch deren Entstehung."

[9]) Motive III S. 852 bezieht sich sicherlich nur gegen diesen letzteren Fall. So wohl auch Planck III § 1273 Nr. 1. Eine Verpfändung künftiger Rechte lehnt ausdrücklich ab Langheineken S. 55; zweifelnd Staudinger § 1273 Nr. 1 b.

[1]) Im bisherigen Rechte war es für diejenigen Ansprüche, für die nur die Unpfändbarkeit ausdrücklich vorgeschrieben war, z. B. für die in § 749 der alten ZPO. (jetzt § 850) aufgeführten, streitig, ob daraus ohne weiteres auch die Unzulässigkeit einer freiwilligen Abtretung gefolgert werden müßte. Die Frage war wohl zu verneinen, sofern die Bestimmung der Unpfändbarkeit nicht darauf beruhte, daß die Forderung von der Person des Berechtigten nicht getrennt werden sollte, weil sie zur Erhaltung seines wirtschaftlichen Daseins erforderlich war. Dann beruht aber die Unübertragbarkeit nicht auf der Unpfändbarkeit, sondern auf der im öffentlichen Interesse verbotenen Loslösung der Forderung von der Person des Berechtigten, also auf der Natur dieser Forderung (RGE. 4 S. 142). Nach dem bisherigen Rechte war also zwar jede unübertragbare Forderung unpfändbar, aber nicht jede unpfändbare Forderung auch unübertragbar. So wurde insbesondere der Pflichtteil von vielen für unpfändbar, wohl aber für übertragbar erklärt. — Nach jetzigem Rechte decken sich wenigstens der Regel nach Unpfändbarkeit und Unübertragbarkeit. Doch gibt es nach beiden Richtungen Ausnahmen.

a) Ausnahmsweise sind unübertragbare Forderungen pfändbar; nämlich die in § 399 BGB. für unübertragbar erklärten (§ 851 Abs. 2 ZPO.); vgl. noch § 857 Abs. 3 ZPO. (Pfändbarkeit unveräußerlicher Rechte, insoweit deren Ausübung einem anderen überlassen werden kann).

b) Ausnahmsweise sind übertragbare Forderungen unpfändbar; nämlich der Pflichtteilsanspruch und der dem verarmten Schenker nach § 528 BGB. zustehende Anspruch auf Herausgabe des Geschenks (§ 852 ZPO.). Diese Ansprüche sind der Pfändung erst unterworfen, wenn sie durch Vertrag anerkannt oder rechtshängig geworden sind. Wegen der persönlichen Natur dieser Ansprüche soll es dem Berechtigten freistehen, ob er sie überhaupt geltend machen will

Es fragt sich zunächst, ob die allgemeinen Grundsätze der Zwangsvollstreckung eine Pfändung künftiger Ansprüche ausschließen. Lippmann bejaht dies.[2]) Er formuliert den Gegensatz zwischen freiem Verkehr und Zwangsvollstreckung folgendermaßen: „Während der freie Verkehr Rechte schafft, handelt es sich im Zwangsvollstreckungsverfahren lediglich um die Realisierung bereits entstandener Rechte". Mir scheint diese Charakterisierung zu eng gefaßt. Es handelt sich doch bei der Zwangsvollstreckung darum, zugunsten des betreibenden Gläubigers die sämtlichen verwertbaren Rechte, die sich im Vermögen des Schuldners vorfinden, zu realisieren. Sollten nun bei dem Schuldner künftige Ansprüche, die wegen der Wahrscheinlichkeit ihres Entstehens bereits einen gegenwärtigen Vermögenswert haben, vorhanden sein, so sehe ich keinen Grund ein, warum sie nicht auch zur Befriedigung des Gläubigers dienen sollten.

Nach Lippmann soll der praktische Zweck der Pfändung und Überweisung darin bestehen, daß der Gläubiger auf Grund derselben gegen den Drittschuldner auf Anerkennung der überwiesenen Forderung klagen könne; bei künftigen Ansprüchen aber müßte der Gläubiger abgewiesen werden; daraus ergebe sich die Unzulässigkeit der Pfändung und Überweisung künftiger Ansprüche. Auch diese Beweisführung Lippmanns scheint mir nicht stichhaltig. Daß der Zweck der Pfändung und Überweisung eine Anerkennungsklage sei, ergibt sich aus keiner Bestimmung des Gesetzes. Auch aus § 840 Nr. 1 ZPO. läßt sich eine solche nicht ableiten. Das Gesetz legt hierdurch dem Drittschuldner nur eine prozeßrechtliche Auskunftspflicht auf; er hat dem Gläubiger zu erklären, ob und inwieweit er die Forderung als begründet anerkenne und Zahlung zu leisten bereit sei. Diese Erklärung kann der Gläubiger nötigenfalls mit einer Klage durchsetzen, aber nur dann, wenn der Drittschuldner überhaupt keine Erklärung abgibt, nicht aber wenn er seine Schuld bestreitet. Die Pfändung und Überweisung hat vielmehr den Zweck dem Gläubiger die Möglichkeit zu geben, im Falle der Weigerung des Drittschuldners den Anspruch mit einer Leistungsklage einzuklagen.[3]) Diese Klage ist zulässig, sobald die Bedingung oder der Termin eingetreten oder der künftige Anspruch entstanden ist (von den Fällen der Klage auf künftige Leistung abgesehen). Schon vorher können

---

Erst wenn er dies kundgetan, sollen auch seine Gläubiger sich daran halten können. Vgl. ferner § 10 des Urheberrechtsgesetzes vom 19. Juni 1901, wonach die Zwangsvollstreckung in das Recht des Urhebers oder sein Werk gegen den Urheber selbst ohne dessen Einwilligung nicht stattfindet, obwohl das Recht nach § 8 Abs. 3 beschränkt oder unbeschränkt übertragen werden kann, und § 56 Abs. 4 des KrankVersG. in der Fassung der Novelle vom 25. Mai 1903, wonach die im allgemeinen unpfändbaren Ansprüche des Unterstützungsberechtigten mit Genehmigung der unteren Verwaltungsbehörde übertragen werden können.

[2]) In DJZ. 8 S. 471 f.

[3]) Dabei ist streitig, ob der klagende Vollstreckungsgläubiger aus eigenem Recht oder aus dem Recht des Dritten, das ihm überwiesen wurde, klagt und ob demnach das hierbei ergehende Urteil für und gegen den Vollstreckungsschuldner wirkt. Vgl. Gaupp-Stein § 835 Nr. IV, 1, Seuffert § 835 Nr. 3c, Petersen § 835 Nr. II (alle für eigenes Recht).

unter Umständen die Voraussetzungen für die Feststellungsklage gegeben sein.[4])

Es ist nun zu untersuchen, ob sich vielleicht aus den einzelnen Formvorschriften der ZPO., die das Verfahren bei der Pfändung von Ansprüchen regeln, ein Hindernis ergibt gegen die Pfändung künftiger Ansprüche. Von den Gegnern der Pfändbarkeit wird zu diesem Zwecke auf drei Bestimmungen hingewiesen. Zunächst auf § 836 Abs. 3 und § 840 Nr. 1. Der erste Paragraph legt dem Schuldner die Verpflichtung auf, dem Gläubiger die zur Geltendmachung der Forderung nötige Auskunft zu erteilen und ihm die über die Forderung vorhandenen Urkunden herauszugeben. Der andere Paragraph wurde bereits oben gewürdigt. Diese beiden Bestimmungen stehen der Pfändbarkeit künftiger Ansprüche nicht entgegen. Die in ihnen festgesetzten Verpflichtungen entstehen eben erst dann, wenn der künftige Anspruch entstanden ist, und die in § 840 festgesetzte Frist von zwei Wochen ist erst von diesem Zeitpunkt an zu rechnen.

Anders steht es dagegen mit § 829 ZPO. Darnach hat das Gericht dem Drittschuldner Zahlung an den Schuldner zu verbieten. Aus dieser Vorschrift ergibt sich die gleiche bedeutende Einschränkung wie bei der Verpfändung künftiger Ansprüche aus § 1280 BGB; denn es kann weder dem Gerichte zugemutet werden, daß es an irgend jemand, der künftig als Drittschuldner in Betracht kommen könnte, ein Zahlungsverbot erlasse, noch wäre eine durch solche Zahlungsverbote herbeigeführte Beschränkung der Verkehrsfreiheit eines Dritten zulässig. Dadurch wird der Kreis der pfändbaren künftigen Ansprüche ebenso eingeengt wie der der verpfändbaren künftigen Ansprüche.

Für die trotz des Formerfordernisses des § 829 pfändbaren künftigen Ansprüche gilt noch eine Besonderheit. Während gegenwärtige Geldforderungen nach der Pfändung dem Gläubiger nach seiner Wahl zur Einziehung oder an Zahlungs Statt zum Nennwerte zu überweisen sind (§ 835 Abs. 1), ist bei der Pfändung künftiger Ansprüche eine Überweisung an Zahlungs Statt nicht möglich;[5]) denn nach § 835 Abs. 2 geht in diesem Falle die Forderung auf den Gläubiger mit der Wirkung über, daß derselbe, soweit die Forderung besteht, d. h. im Zeitpunkt der Überweisung besteht, als befriedigt anzusehen ist. Diese Einschränkung ist aber nichts Verwunderliches; denn das Gesetz hat selbst bei einer

---

[4]) Als Beweis für die Pfändbarkeit künftiger Ansprüche führt Marcus (in DJZ. 9 S. 401) die Tatsache an, daß zu ihrer Sicherung der Arrest stattfindet (§ 916 ZPO.) und daß sie zur Teilnahme am Konkursverfahren berechtigen (§§ 65, 67 KO.). Dies scheint mir nicht durchschlagend. In diesen beiden Fällen handelt es sich um Mittel für die Befriedigung künftiger Ansprüche durch gegenwärtige; bei der Pfändung eines künftigen Anspruches soll dagegen dieser selbst zur Befriedigung eines gegenwärtigen Anspruches verwertet werden. Es handelt sich also um zwei ganz verschiedene rechtliche Verhältnisse.

[5]) A. A. v. Tuhr in DJZ. 9 S. 431; er hält Überweisung an Zahlungs Statt für zulässig; § 835 Abs. 2 sei entsprechend anzuwenden, „insoweit als die Forderung entsteht".

Reihe von Ansprüchen die Überweisung an Zahlungs Statt für unzulässig erklärt.[6])

Man erhält somit als Ergebnis folgendes. Auch gegen die Pfändung künftiger Ansprüche besteht grundsätzlich kein Hindernis, allein der Kreis der pfändbaren künftigen Ansprüche wird durch eine Formvorschrift der ZPO. gerade so verengert wie der der verpfändbaren. Bei diesen ist nur eine Überweisung zur Einziehung zulässig.

Ein Beweis für die Richtigkeit dieses Ergebnisses ergibt sich daraus, daß das Gesetz selbst Pfändungen künftiger Ansprüche erwähnt, aber nur solcher aus bestehendem Grundverhältnis.[7]) So ist nach § 725 BGB. der Anteil eines Gesellschafters am Gesellschaftsvermögen und der Anspruch auf einen Gewinnanteil der Pfändung unterworfen. Nimmt man an, daß in § 1124 Abs. 2 und KO. § 21 Abs. 2 der rechtsgeschäftlichen Verfügung eine gerichtliche gleichzustellen ist,[8]) so setzen auch diese Paragraphen die Möglichkeit einer Pfändung künftiger Ansprüche voraus. (Ebenso § 573, falls man in § 571 eine gesetzliche Zession sieht). Nach § 832 ZPO. erstreckt sich das Pfandrecht, welches durch die Pfändung einer Gehaltsforderung oder einer ähnlichen in fortlaufenden Bezügen bestehenden Forderung, z. B. auf Leibrenten oder Altenteilsbezüge, erworben wird, auch auf die nach der Pfändung fällig werdenden Beträge und nach § 833 ZPO.[9]) wird durch die Pfändung eines Diensteinkommens auch dasjenige Einkommen betroffen, welches der Schuldner infolge der Versetzung in ein anderes Amt, der Übertragung eines neuen Amtes oder einer Gehaltserhöhung zu beziehen hat. Alle diese Ansprüche sind künftige, aber künftige aus bestehendem Grundverhältnis. Daß das Gesetz nur solche künftige Ansprüche für pfändbar hält, ergibt sich auch daraus, daß es die Bestimmung des § 833 Abs. 1 für unanwendbar erklärt für den Fall der Änderung des Dienstherrn (§ 833 Abs. 2); denn dann handelt es sich nicht mehr um künftige Ansprüche aus bestehendem Grundverhältnis, sondern um solche aus einem noch nicht bestehenden Rechtsverhältnis, bei denen ein gerichtliches Zahlungsverbot an den Drittschuldner noch nicht möglich ist.

In der Literatur wie in der Rechtsprechung herrschen über die Pfändbarkeit künftiger Ansprüche die gleichen Meinungsverschiedenheiten wie über ihre Verpfändbarkeit. Die herrschende Meinung, darunter besonders die bedeutendsten Kommentatoren der ZPO., verneint die

---

[6]) So alle Ansprüche, die nicht eine Geldleistung zum Gegenstand haben (§ 849 mit § 846); auch bei Geldforderungen, wenn nach § 713 Abs. 2 dem Schuldner nachgelassen ist durch Sicherheitsleistung oder durch Hinterlegung die Vollstreckung abzuwenden (§ 839), ferner bei den nach § 399 BGB. unabtretbaren, aber nach § 851 Abs. 2 ZPO. pfändbaren Forderungen.

[7]) Pfändung bedingter und betagter Ansprüche wird erwähnt in § 844 ZPO. — Die Pfändung des zukünftigen Saldos im Kontokorrentverkehr gestattet HGB. § 357 (vgl. Staub § 357 Anm. 2).

[8]) So RGE. 58 S. 181, 59 S. 177, 64 S. 418, Fischer-Henle § 573 Nr. 1, § 1124 Nr. 2, Achilles-Greiff § 573 Nr. 2, § 1124 Nr. 2, Oertmann § 573 Nr. 2, Staudinger § 573 Nr. II 2c; a. A. Jaeger, KO. § 21 Nr. 16.

[9]) Im wesentlichen gleichlautend § 299 der österreichischen Exekutionsordnung; vgl. v. Ohmeyer S. 49 f.

Pfändbarkeit grundsätzlich.[10]) Im Gegensatz hiezu behaupten eine Anzahl Autoren die Pfändbarkeit aller Arten künftiger Ansprüche, also auch solcher, zu denen noch nicht der Grund gelegt ist.[11]) Die hier vorgetragene Mittelmeinung wird auf Grund einer Entscheidung des Reichsgerichts vom 29. April 1904[12]) von den Kommentaren zum BGB. von Planck und Staudinger vertreten.[13])

---

[10]) So Gaupp-Stein § 829 Nr. I 1 a, Seuffert § 829 Nr. 1 (er gibt aber zu, daß, wer die Abtretung künftiger Ansprüche behauptet, auch deren Pfändung zulassen muß, denn „Pfändbarkeit und Übertragbarkeit gehen parallel"), Petersen § 829 Nr. 2, Langheineken S. 63, Eccius in DJZ. 9 S. 56 und bei Gruchot 48 S. 469, Lippmann in DJZ. 8 S. 471 f. und 9 S. 258, LG. Leipzig im SächsArch. 4 S. 747, OLG. Braunschweig vom 2. Mai 1887 in SeuffArch. 43 Nr. 75, OLG. Karlsruhe vom 27. Juni 1888 in SeuffArch. 45 Nr. 58, OLG. Braunschweig vom 18. September 1903. Ferner OLG. Karlsruhe in SeuffArch. 40 Nr. 329, OLG. Dresden in SächsAnn. 21 S. 377, LG. Leipzig im SächsArch. 4 S. 747, Du Chesne in BayZfR. 3 S. 165.

[11]) So Heuer in DJZ. 8 S. 29, Abrahamsohn in DJZ. 8 S. 343, Marcus in DJZ. 9 S. 400 f., v. Tuhr in DJZ. 9 S. 431, Grünebaum in DJZ. 10 S. 801 f., Kohler, Prozeß als Rechtsverhältnis S. 63, OLG. Köln in PucheltsZ. 25 S. 481, Schmidt, Lehrbuch des deutschen Zivilprozeßrechts S. 950.

[12]) Abgedruckt in JW. 1904 S. 365 und DJZ. 9 S. 698: „Es sei sehr wohl denkbar, daß das Prozeßrecht der Pfändung künftiger Forderungen engere Schranken setze als das materielle Recht . . . Es stehe keine Norm des Prozeßrechtes zwingend entgegen, die Pfändung solcher Ansprüche zuzulassen, . . . für welche in einem Vertragsverhältnis des Schuldners zum Drittschuldner ausreichende rechtliche Grundlage geschaffen ist."

[13]) Planck II § 398 Nr. 4 e, Staudinger § 398 Nr. 1 a α; ebenso Weismann, Lehrbuch des deutschen Zivilprozeßrechts II S. 143, Mittelstein S. 248, KG. vom 16. Januar 1905, RG. vom 16. Oktober 1906 in JW. 1906 S. 770 oben, OLG. Karlsruhe in BadRspr. 1908 S. 177 (s. oben S. 47 Anm. 20) und für das österreichische Recht v. Ohmeyer S. 179 f.